东正教密码
ТАЙНА ПРАВОСЛАВИЯ

金亚娜 编著

图书在版编目(CIP)数据

东正教密码/金亚娜编著. —北京:商务印书馆,2021(2023.6重印)
ISBN 978-7-100-20486-6

Ⅰ. ①东… Ⅱ. ①金… Ⅲ. ①东正教—研究 Ⅳ. ①B976.2

中国版本图书馆 CIP 数据核字(2021)第 231805 号

权利保留,侵权必究。

教育部人文社会科学重点研究基地
黑龙江大学俄罗斯语言文学与文化研究中心

东正教密码
金亚娜 编著

商 务 印 书 馆 出 版
(北京王府井大街36号 邮政编码100710)
商 务 印 书 馆 发 行
北京捷迅佳彩印刷有限公司印刷
ISBN 978-7-100-20486-6

2021年12月第1版 开本 787×1092 1/32
2023年6月北京第3次印刷 印张 12

定价:68.00元

序

　　本书的编写目的，是对俄罗斯东正教主要的术语和概念做出简明扼要的阐释，内容涵盖俄罗斯东正教神学、宗教哲学、教会生活和宗教活动等领域。具体包括：东正教对上帝和世界认识的神学思维、上帝的确立和东正教信仰的神学原理；人与上帝和教会的关系，个人为灵魂救赎必须恪守的宗教戒律及其本质；当代俄罗斯东正教与其他基督教教派信理的差异及俄罗斯东正教自认的优越性；教会神职人员的教职等级及职责；教会的日常宗教活动，包括教会的礼仪和祭典、圣礼、重大节日、信徒与上帝交流和精神圣化的修道生活，以及俄罗斯东正教的建制、最著名的圣徒、教堂、修道院、圣像和其他圣物等。此外，书中还介绍了俄罗斯东正教会的历史、教会分裂、当代俄罗斯东正教复兴及国家与教会间关系等方面的重要知识。

　　由于本书的编写目的不仅是供一般对俄罗斯东正教感兴趣的读者使用，而且奢求为研究俄国国情、文化的专业人士提供一些神学理论和事实依据，因此本书对不同的术语和概念视其重要程度和复杂性阐释繁简不一，既有工具书式的简要定义，又有专论式的扩展性论述，以阐述清楚为目的。与之相应，在编写本书时除依据俄国近年来出版的一些普及性权威工具书以外，还引用了一些俄国神学家和宗教哲学家的论述，并运用了编者的部分研究成果。编者所遵循的一条基本原则是尽可能准确地、原原本本地体现俄罗斯东正教的神学理念和精神内涵，以使读者清楚地看到俄罗斯东正教神学和宗教活动的本来面貌。但编者受神学理论和宗教知识学养不足所限，书中的错误和不当之处在所难免，敬请专家学者批评指正。

编 者

2020 年 9 月 25 日

目 录

东正教概述 ·· 001
词目拼音索引 ·· 011
正文 ·· 021

参考书目 ·· 363
词目俄汉对照表 ·· 365
编后记 ·· 374

东正教概述

　　东正教是基督教的最传统的教派。俄语"Православие"一词的意思是"对上帝的正统赞美",实际上与希腊"正统思想"的意义相同。"Православие"这个术语最早出现在2世纪基督教作家的著述中。那时刚刚形成基督教教义的最早概述,所表明的是与异教截然不同的整个教会的信仰。后来,"Православие"一词被用来表示教会的教条和规章的总体,把对耶稣基督和使徒所持教义的原本保留视为它的准则,而阐述这一教义的是圣书、圣传和普世教会的古代信经。东西方教会分裂以后,"Православие"成为东方教会的名称"东正教",西方教会则定名为"天主教"。

而在11世纪以前，整个基督教世界统一称为普世教会。当时西方教会在普世大公会议上曾积极地参与捍卫古代教会信仰及构建教会信经的活动，一些礼仪和教规方面的些微分歧并没有使其与东方教会相分离。后来，西方教会关于罗马主教权力范围和性质的独特教理引起了东方教会的强烈反对，导致了东西方教会的分裂。

正是在这种历史环境中，包括俄罗斯人在内的斯拉夫人民进入了基督教会。988年，基辅罗斯的弗拉基米尔大公从国家层面上让原本信奉多神教的古罗斯接受了基督教

信仰，更确切地说，基辅罗斯接受的是拜占庭的东方教会的信仰及文化影响。1054年，东西方教会分裂以后，俄罗斯人自然归入到东正教这个传统的教派。依照俄罗斯东正教神学家的权威看法，东正教的传统性或正统性主要表现在它忠于教会的态度和保持启示真理的坚定立场。他们认为，东正教是地上基督的教会，它毫不动

摇地献身于使徒从耶稣基督那里得到的宗教理念，恪守普世大公会议、地区教会和自主教会主教公会确立的教义和教规，承袭教父神学遗产，确定了否定神学原则的统治地位，认为神学的神秘主义因素具有根本意义。为此，东正教从来不去追求严格的形式条理、思想的条分缕析及信仰的完整性，因为这一切都与其信仰的神秘主义神学思维相悖。与之相关，东正教会一向十分看重修士、神职人员和平信徒在尊奉信仰、苦行修道等教会生活中的神圣经验，忠实地传承由苦行修道者世代相传的长老制经验，不接受任何外来的权威性思想和组织形式。东正教的正统性还表现为，它不会在现代的迫切任务和需求的影响下增加教义。

一直致力于维护正统性的俄罗斯东正教在教义和教理方面有其坚守的一系列信条和原则：它不剥夺任何人阅读《圣经》的权利（而中世纪天主教与之不同，不允许平信徒读《圣经》），以便信徒从《圣经》中汲取关于教会信仰的更详细知识；同时，东正教会认为，必须遵照教父诠释《圣经》的著作来理解其精神，而不能像基督新教那样凭信徒个人的领悟来理解上帝的话；东正教不会将未含有圣书和圣传内容的人的学说提升为启示教理，如同教皇制下所做的那样；东正教也不会通过思辨从教会已有的教义导引出新的教条，不认为圣母拥有超乎人的人格尊严，也不赞同天主教关于圣母"贞节受孕"的说法，并且，东正教不过分抬高圣徒应有的功绩，不把神的绝对无罪归之于人，哪怕那个人是罗马教皇。东正教承认无过错的只是教会整体，因为教会是通过普世大公会议来确立的教义；东正教也不承认炼狱的存在，因为它教诲信众，圣子以自己的受苦受难和死亡一次性地并永远地为人类赎了罪。东正教对教会的七项圣事进行诠释，肯定由圣子降生成人而得到圣化的人的肉身应有的意义。在圣事中，不仅能够看到恩典的征兆，而且能够见到恩典本身，例如圣餐礼中，信徒能够直接看到由葡萄酒和面包圣化而得到的基督真实的圣体血。

东正教神学还指出，上帝的恩典在人身上发生作用并非是强制性的,而是依从人的自由意志,虔信上帝的人总是自愿遵从救主的意志去做善事。东正教要求信徒敬拜死去的圣者,相信他们向上帝祈祷的力量,同时还要敬拜圣徒的不朽遗体和圣像。东正教不赞同天主教关于教会权力的信条,但它承认神恩赏赐的教会神品等级,并且允许平信徒参与教会的一些管理和活动,诸如可以担任教堂总务长、成为教会团体和本教区慈善救济机构的成员等。东正教的道德劝谕也与天主教和基督新教有本质差别,例如:与天主教不同,东正教对罪和私欲绝不宽容姑息,它同时

也反对基督新教只用因信称义来确证信徒虔信的教理，而要求每个信徒用做善事来体现自己的信仰。在教会与国家关系方面，东正教既不主张如天主教那样控制国家权力，也不主张如基督新教那样在教会内部事务中服从国家管控，它主张保持教会活动的充分自由，同时为国家在其政权领域留有不可侵犯的独立性，并为其不反对教会教义的一切举措祝福，努力与国家政权和睦相处，在一些情况下还需求得国家的帮助和协作。

在许多神学和教会生活等重要问题上，东正教都为其诠释提供了很大的自由。与其说它希图建构自己的世界观体系，毋宁说是旨在探寻解决一些神学和宗教道德任务的方式。东正教封圣的多种类型就是上述结论的一个突出佐证：圣徒之中有苦行独居隐士，如大安东尼、埃及的马卡里、西奈山的格里高利和圣尼尔修士等；安邦治国之士，如君士坦丁大帝、圣弗拉基米尔、圣亚历山大·涅夫斯基等；殉道者，如鲍里斯和格列布；杰出的思想家苦行者，如神学家格里高利、尼撒的圣格里高利、圣格里高利·帕拉马等；圣愚，如西缅、安德烈、圣瓦西里、圣女克谢尼娅等；为上帝真理而斗争的天国战士，如荣胜者及大殉道者格奥尔吉、德撒洛尼基人德米特里等。在倡导这些圣徒的精神时，东正教会所强调的不是规范的道德方面，而是基督教对信徒所具有的精神力量。

总体而论，东正教在俄国历史上的作用是巨大的，即使在苏联时期，研究者也充分肯定了基辅罗斯接受东正教洗礼这一事件的重要历史意义，认为这是历史发展的必然，从思想上奠定了封建主义的社会政治体系，在很大程度上决定了后来俄罗斯文明发展的进程。首先，东正教会在古罗斯国土统一的过程中起到促进作用。在鞑靼蒙古人侵占俄国时，东正教会实际上是国家精神完整统一的唯一现实力量，在其作用下，俄罗斯人最终得以从金帐汗国的桎梏下解放出来。其次，在接受新信仰的同时，古罗斯还从拜占庭接受了其伴随文化，获得了第一个斯拉夫语的字母表，以及东正教最早的启蒙者基里尔和梅福季的宗教译著。东正教的信仰和文化逐渐从基辅和诺夫哥罗德扩展开来。在新旧信仰同化的过程中，东

正教一往无前地向深广推进，最终取代了多神教的民间信仰。其次，在18世纪以前，俄罗斯文明基础形成的过程在很大程度上局限在教会关系的范围内，这注定了古代俄国精神文化的宗教性，并且俄罗斯近代的启蒙也不无东正教会的作用，宗教意识对社会生活有着多方面的影响，尤其是其深在的聚合性道德因素比西方教会的文化具有明显的优越性，大大胜过西方基督教实用主义的个人主义。

俄罗斯东正教的上述独具特征渗透到俄国世俗文化的所有领域之中，对文学、戏剧、音乐、绘画、应用美术、雕塑和建筑等艺术的创作思维、审美准则和思想内容都有显著的影响，使艺术作品中饱含崇高圣洁的精神追求、责任感和牺牲精神、怜悯和仁爱、宽容和互助，以及忏悔意识和自我精神责罚等品格，在世界艺术之林中闪耀着源自宗教又大大超越宗教的独特光辉。

词目拼音索引

A

阿列克西二世 Алексий Второй	024
阿们 Аминь	025
爱 Любовь	025
安德烈·鲁布廖夫 Андрей Рублёв	027
安东尼（赫拉波维茨基） Антоний Храповицкий	029
奥普塔修道院 Оптина пустынь	029

B

《巴兰行奇迹者说》 «Беседа Валаамских чудотворцев»	031
白神品神职人员 Белое духовенство	032
鲍里斯与格列布 Борис и Глеб	032
变容 Преображение	033

C

《察里格勒圣物圣地记》 «Беседа о святынях Царьграда»	035
忏悔 Исповедь	035
彻夜祈祷 Всенощное бдение / Всенощная	036
崇拜 Культ	037
重生 Возрождение	039
创世记 Бытие	040

D

达尼洛夫修道院 Данилов монастырь	041

大（男）修道院 Лавра	042
大祭礼仪 Литургия	043
大节 Великие праздники	044
大斋期 Великий пост	044
大主教 Архиепископ	046
祷告 Молитва	047
道成肉身 Воплощение	048
德米特里·顿斯科伊 Дмитрии Донской	051
敌基督 Антихрист	052
地狱 Ад	052
洞窟修道院的圣安东尼 Антоний Печерский	053
都主教 Экзарх	056
独立教会 Автокефалия	056
多神教 Язычество	057

E

俄罗斯东正教会 Русская православная церковь	062
恶 Зло	076
恶魔 Диавол	077
恩典 Благодать	077

F

法沃尔之光 Фаворский свет	079
菲拉列特 Филарет	079
封圣 Канонизация	082
否定神学 Апофатическое богословие	082
《福音书》 «Евангелие»	083
辅祭 Диакон	085
辅祭长 Протодиакон	085
敷圣油仪式 Елеосвящение	086

G

感恩礼 Евхаристический канон	086
革出教门 Анафема	087
革新教派 Обновленчество	087
国家-教会关系 Государственно-церковные отношения	089

H

哈利路亚 Аллилуйя	098
护教学 Апологетика	098
谎言 Ложь	099
婚礼 Венчание	100
魂灵 Дух	102

J

基督复活 Воскресение Христово	102
基督教 Христианство	104
基督教存在主义 Экзистенциализм христианский	106
基督教的宇宙论 Космизм христианский	107
基督再来 Второе Пришествие Христово	109
基督中心论 Христоцентризм	110
基辅洞窟修道院 Киево-Печерская лавра	111
基辅索菲亚大教堂 Софийский собор в Киеве	113
基特日 Китеж	114
祭品 Жертва	115
祭坛 Алтарь	116
荐度仪轨 Панихида	117
骄傲 Гордыня / Гордость	117
教父的哲学理想 Святоотеческий идеал философии	118
教规 Канон	119
教会 Церковь	120

教会分裂 Раскол церковный	122
教阶 Иерархия церковная	128
教堂 Храм	129
教条 Догматы	131
敬畏上帝 Страх Божий	132
旧礼仪派 Старообрядчество	133
救赎 Спасение	135
救主基督大教堂 Храм Христа Спасителя	136
聚和性 Соборность	137
绝对 Абсолют	139

K

喀琅施塔得的圣约翰 Иоанн Кронштадский	142
克谢尼娅 Ксения Петербургская	143
肯定神学 Катафатическое богословие	144
苦行者 Аскет / Подвижник	144

L

拉多涅日的圣谢尔盖 Сергий Радонежский	145
浪子 Блудный сын	147
礼拜 Богослужение	148
良心 Совесть	151
灵魂 Душа	152
灵魂不灭 Бессмертие души	154
逻各斯 Логос	155

M

弥赛亚 Мессия	156
弥赛亚说 Мессианизм	157
魔鬼 Бес	157
魔鬼论 Демонология	159

摩西律法 Закон Моисеев	160
末日审判 Страшный суд	160
末世论 Эсхатология	161
"莫斯科——第三罗马" «Москва—третий Рим»	163
牧首 Патриарх	169

N

尼尔·索尔斯基 Нил Сорский	170
宁静主义 Исихазм	171
诺夫哥罗德索菲亚大教堂 Софийский собор в Новгороде	175

P

普世大公会议 Вселенский собор	176

Q

"祈求"圣像 Деисус	180
启示 Откровение	180
《启示录》 «Апокалипсис»	182
谦卑 Смирение	184
虔诚 Благоговение	184
全能 Всемогущество	185
权杖 Жезл	186

S

撒旦 Сатана	187
萨洛夫的圣谢拉菲姆 Серафим Саровский	188
山上圣训 Нагорная проповедь	190
善 Добро	191
上帝 Бог	192
上帝的羔羊 Агнец Божий	193
上帝的无限性 Бесконечность Бога	194
上帝的形象 Образ Божий	194

上帝的选民 Богоизбранный народ	195
上帝之国 Царство Божие / Царство Небесное	197
上帝之母 Богоматерь / Богородица	198
身体 Тело	202
神迹 Чудо	203
神秘论 Мистика	204
神秘主义 Мистицизм	206
神权政治 Теократия	206
神人 Богочеловечество	207
神圣罗斯 Святая Русь	208
神圣性 Святость	210
神学 Богословие	211
神学课 Закон Божий	214
神职人员 Священнослужители	215
圣阿封山 Афон	218
圣彼得·莫吉拉 Пётр Могила	219
圣餐 Благодарение	220
圣餐礼 Евхаристия	221
圣成德者 Преподобный	222
圣传 Священное предание	222
圣大瓦西里 Василий Великий	223
圣诞节 Рождество Христово	224
圣髑 Мощи	226
圣弗拉基米尔 Владимир Святой	227
圣化 Обожение	228
圣祭品 Дары Святые	229
《圣经》 «Библия»	230
圣经诠释学 Экзегетика	232

圣灵　Дух Святой	233
圣灵恩赐　Харизма	234
圣母安息大教堂　Успенский собор	236
圣母安息节　Успение Пресвятой Богородицы	238
圣母庇护　Покров Пресвятой Богородицы	239
圣母诞辰节　Рождество Пресвятой Богородицы	240
圣母进堂节　Введение во Храм Пресвятой Богородицы	241
圣母领报大教堂　Благовещенский собор	242
圣母领报节　Благовещение Пресвятой Богородицы	243
圣母像　Иконы Богородичные	244
圣三位一体　Святая Троица	246
圣三一谢尔盖大修道院　Троице-Сергиева лавра	249
圣事　Таинства	251
圣徒　Святой	252
圣徒传　Жития святых	252
圣瓦西里　Василий Блаженный	253
圣瓦西里大教堂　Храм Василия Блаженного	255
圣像　Икона	257
圣像壁　Иконостас	259
圣油　Елей	261
圣愚　Юродивые	262
圣职　Духовенство	264
索菲亚　София	264
十二大节日　Двунадесятые праздники	272
十诫　Декалог	272
十字架　Крест	274
十字架节　Воздвижение Креста Господня	276
使徒　Апостолы	276

使徒信经 Апостольский символ	278
世界灵魂 Мировая душа	278
受造物和造物主 Тварь и творец	279
赎罪神业 Епитимья	280
死后的考验 Мытарства	281
死亡 Смерть	282
死者复活 Воскресение мёртвых	283

T

天使 Ангел	284
天使长 Архангел	287
天堂 Рай	288

W

瓦拉姆救主显荣修道院 Валаамский Спасо-Преображенский монастырь	289
伪经 Апокрифы	291
位格 Ипостась	292
五旬节 Пятидесятница	293

X

洗礼 Крещение	296
夏娃 Ева	297
显行灵迹者圣尼古拉 Николай Чудотворец	298
协同作用 Синергия	299
谢尔盖牧首 Патриарх Сергий	300
谢肉节 Масленица	302
新圣女修道院 Новодевичий монастырь	302
信经 Символ веры	304
信仰 Вера	305
修道院 Монастырь	307

修道院院长 Игумен		308
修士 Монах		308
修士大司祭 Архимандрит		310
殉道者 Мученик		311

Y

亚当 Адам		314
亚历山大·涅夫斯基 Александр Невский		315
亚历山大·涅夫斯基大修道院 Александро-Невская лавра		316
耶稣基督 Иисус Христос		317
耶稣救赎 Искупление		319
伊拉里昂 Иларион		320
伊萨基大教堂 Исаакиевский собор		321
异端 Ересь		322
淫乱 Блуд		325
隐修处 Скит		325
欲望 Страсть		325
约瑟·沃洛茨基 Иосиф Волоцкий		326

Z

斋戒 Пост		330
主的坟墓 Гроб Господень		330
主教 Епископ		331
主教公会 Синод		332
主教神品 Архиерей		334
主进圣城节 Вход Господень в Иерусалим		335
主进堂节 Сретение Господне		336
主领洗节 Крещение Господне / Богоявление		337
主升天节 Вознесение Господне		338
主受难周 Страстная седмица		339

主显圣容节	Преображение Господне	341
祝福	Благословение	343
祝圣水仪式	Водоосвящение	343
追思亡人礼仪	Заупокойное Богослужение	344
自由	Свобода	345
自由意志与恩典	Свободная воля и благодать	347
宗教复兴	Возрождение религиозное	347
宗教会议	Собор	353
宗教哲学	Религиозная философия	354
宗教哲学复兴	Религиозно-философский ренессанс	355
罪	Грех	360
最后的晚餐	Тайная вечеря	361

正文

A—D

阿列克西二世 Алексий Второй
阿们 Аминь
爱 Любовь
安德烈·鲁布廖夫 Андрей Рублёв
安东尼（赫拉波维茨基） Антоний Храповицкий
奥普塔修道院 Оптина пустынь
《巴兰行奇迹者说》 «Беседа Валаамских чудотворцев»
白神品神职人员 Белое духовенство
鲍里斯与格列布 Борис и Глеб
变容 Преображение
《察里格勒圣物圣地记》 «Беседа о святынях Царьграда»
忏悔 Исповедь
彻夜祈祷 Всенощное бдение / Всенощная
崇拜 Культ
重生 Возрождение
创世记 Бытие

达尼洛夫修道院 Данилов монастырь
大（男）修道院 Лавра
大祭礼仪 Литургия
大节 Великие праздники
大斋期 Великий пост
大主教 Архиепископ
祷告 Молитва
道成肉身 Воплощение
德米特里·顿斯科伊 Дмитрий Донской
敌基督 Антихрист
地狱 Ад
洞窟修道院的圣安东尼 Антоний Печерский
都主教 Экзарх
独立教会 Автокефалия
多神教 Язычество

阿列克西二世
Алексий Второй

阿列克西二世（本名阿列克西·米哈伊洛维奇·里吉格尔，1929—2008），神学博士，莫斯科和全俄牧首。1929年出生于塔林，1953年毕业于列宁格勒神学院，1961年被授予塔林和爱沙尼亚主教圣职，1964年起任主教公会常任成员，1964—1987年任欧洲教会代表会议会长，1967年起任主席团主席，1988年起任列宁格勒和诺夫哥罗德都主教，并且是多家国外神学院的名誉成员，1990年在俄罗斯东正教会地区宗教会议上当选为莫斯科和全俄牧首。

阿 们
Аминь

仪典上的用语。古代犹太人通常在祈祷结尾处使用这个词,以表示对祷词内容的肯定,可以译成"确实如此""正是这样""必然如此"等。"阿们"在《新约》中出现了119次。这个词不仅在犹太教和基督教的礼拜时使用,而且在伊斯兰教中也使用,在诵读完《古兰经》的第一章后,教徒们会一起吟诵它。

爱
Любовь

爱是基督教的宗教道德本质。在基督教中,世界是上帝的爱创造的,世界上的生命也是由上帝的爱支撑的。上帝为了替人类赎罪让他的儿子献出了生命,这就是上帝的爱:"神就是爱"(《约翰一书》,第4章,第8节)。耶稣基督承认《旧约》中爱上帝和身边的人的诫命,并为这一诫命定下了新的准则:"你们要彼此相爱,像我爱你们一样,这就是我的命令。"(《约翰福音》,第15章,第12节)基督还说:"你要尽心、尽性、尽意、尽力爱主你的神。其次就是说，要爱人如己。再没有比这两条诫命更大的了。"(《马可福音》，第12章，第30—31节)基督教的爱是很复杂的现象，它包含许多因素：同情心、虔诚、感恩、廉耻感、耐心、怜悯、做善事和展现其他美德的愿望等。耶稣基督在号召他的追随者和门徒要爱和宽容时说："要爱你们的仇敌，为那逼迫你们的祷告。"(《马太福音》，第5章，第44节)关于基督教的爱，使徒保罗这样写道："我若能说万人的方言，并天使的话语，却没有爱，我就成了鸣的锣、响的钹一般。我若有先知讲道之能，也明白各样的奥秘、各样的知识，并且有全备的信，叫我能够移山，却没有爱，我就算不得什么。我若将所有的周济穷人，又舍己身叫人焚烧，却没有爱，仍然与我无益。爱是恒久忍耐，又有恩慈；爱是不嫉妒，爱是不自夸，不张狂，不做害羞的事，不求自己的益处，不轻易发怒，不计算人的恶，不喜欢不义，只喜欢真理；凡事包容，凡事相信，凡事盼望，凡事忍耐。爱是永不止息。先知讲道之能终必归于无有，说方言之能终必停止，知识也终必归于无有……如今常存的有信，有望，有爱；这三样，其中最大的是爱。"(《哥林多前书》，第13章，第1—8节，第13节)

基督教的爱是要付出牺牲的爱，这意味着对基督和他所有诫命的忠诚，把自己毫无保留地奉献给上帝和身边的人。在基督教伦理学中爱还是至高的神学美德。

安德烈·鲁布廖夫
Андрей Рублёв

安德烈·鲁布廖夫（约1360—1430）是被封圣的最伟大的俄罗斯圣像画师。早年，他曾在拜占庭和保加利亚学习和工作。他十分熟悉拜占庭先师绘制圣像画的原则和技艺。关于他生平的资料保存下来的不多，他是何时进入圣三一谢尔盖大修道院的也不得而知，只知道当时修道院的拉多涅日的尼康发现了他的绘画才能，把他送到莫斯科的安德罗尼科夫修道院去进一步完善绘画技艺，该修道院为尼康的朋友圣安德罗尼科夫所建。在这座修道院里，德米特里·顿斯科伊的儿子瓦西里·德米特里耶维奇看到了安德烈·鲁布廖夫的绘画作品，十分赞赏，将它们作为杰出画作放置在克里姆林宫中。这些画作确实因与以往圣像画的不同风格而令人惊叹。以前的圣像画师往往都把圣者的面容描画得如同严厉的法官，引起人对上帝的恐惧；而安德烈·鲁布廖夫的圣像画体现的是神性的和谐，色彩明亮而欢快，圣像是温暖的，展现出神的爱，并且祈祷者和圣者的形象在对天堂和谐的共同快乐感觉中融为一体。画师在1412年前后画的著名圣像画《圣三一》被公认为神学启示的最高成就。这幅圣像画是为圣三一—谢尔盖修道院（后为大修道院）绘制的。画中有三位朝圣者，象征上帝的三位天使，他们来向亚伯拉罕报喜讯。安德烈·鲁布廖夫在创作这幅画时，建立起一种以天使形象来表现上帝三个位格的新规则，即集中全力去描绘体现圣三位一体的形象。无论是画师的同时代人还是后人，都充分肯定他的创作的意义。在圣像画师去世一百多年以后，在伊凡雷帝时代，东正教会主教会议曾发出指令：在用圣像画描绘圣三位一体时，必须遵照他的画法。这位伟大的圣像画师为许多大教堂画过圣像，其中包括兹韦尼哥罗德和弗拉基米尔的教堂。2001年，俄罗斯设立了圣安德烈·鲁布廖夫勋章，以奖励对教会艺术和圣像画有突出贡献的人。安德烈·鲁布廖夫的纪念日为7月17日。

安东尼（赫拉波维茨基）
Антоний Храповицкий

安东尼（本名阿列克谢·帕夫洛维奇·赫拉波维茨基，1863—1936）是著名的神学家和教会活动家，莫斯科神学院院长（1890—1894），喀山神学院院长（1894—1900），乌法-沃伦的主教，哈尔科夫的大主教和基辅的都主教。在1917—1918年的地区宗教会议上，曾为三位牧首候选人之一。1920年从苏维埃俄罗斯迁移出境，成为俄罗斯境外东正教会主教公会主席及其保守派的首领，反对以都主教谢尔盖牧首为首的奉公守法的莫斯科教会。

奥普塔修道院
Оптина пустынь

相传，奥普塔修道院建于14世纪与15世纪之交，但它在全俄罗斯声名鹊起是在19世纪初期，因为它在当时成为了俄罗斯复兴的"长老制"的中心。所谓"长老制"，指的是朝圣者向静修室中的智慧修士——长老表白信仰的形式，创立者为忏悔了的强盗首领奥普塔（修士名字为马

卡里）。1499年以前，修道院中既有男修士，也有修女。1724年修士迁入别列夫斯基救主修道院，两年以后修道院又得到了恢复。修道院宗教活动的复兴发生在19世纪20年代，由于都主教基辅的菲拉列特的降福在修道院中建了一个隐修区，以纪念先驱圣约翰。隐修区从罗斯拉夫利森林请来了第一批奥普塔修道院的长老——摩西和他的兄弟安东尼，不久又请来了列奥尼德长老（大圣衣修士列夫）。从此，隐修区成为了修道院的心脏，并赢得了宗教史上的荣誉。修道院里复兴了古代长老宗教导师的形象，俄国社会各阶层的人蜂拥而至，向长老祈求建议和护慰，整个俄罗斯无人不晓大圣衣修士司祭阿姆夫罗西。许多著名作家，如 Н.В.果戈理、基列耶夫斯基兄弟、А.К.托尔斯泰、阿克萨科夫兄弟、М.П.波戈金、В.С.索洛维约夫、С.П.舍维廖夫、А.М.热姆丘日尼科夫、Л.Н.托尔斯泰等都来过修道院，一些大公家族成员也到这里来祈福。奥普塔修道院进行了大量文化启蒙活动，迅速发展成为文化生活中心。这里收集、翻译和抄写了大量古罗斯、拜占庭、古希腊等的著作和文献，开展了广泛的科学和政论研讨活动，吸引了众多俄国文化界的杰出人物。20 世纪 20 年代修道院被关闭，修士被逮捕，许多人死在集中营里。直到 1988 年才得以恢复。现在它的名称为圣韦坚斯基奥普塔修道院，是牧首直属的男修道院。

《巴兰行奇迹者说》
«Беседа Валаамских чудотворцев»

这是一部十分著名的政治讽刺作品，内容是关于俄罗斯生活的世俗和教会的各种问题。该作品创作于 16 世纪，作者不详，但据研究者推断应是一位大贵族。

白神品神职人员
Белое духовенство

神职人员是东正教会教阶三个等级的总称,包括主教、司祭和辅祭。神职人员分为白神品和黑神品两种:白神品神职人员不必通过修士的剪发仪式,可以结婚;而黑神品神职人员是有职位的,是修道院里的修士。

鲍里斯与格列布
Борис и Глеб

鲍里斯和格列布是古罗斯首批被东正教会封为圣徒的人,于11世纪被封为蒙难圣徒级的圣徒。他们是基辅大公弗拉基米尔·斯维亚托斯拉夫的儿子,是封邑的公,其中鲍里斯是罗斯托夫封邑的,格列布是穆罗姆封邑的。为避免在父亲弗拉基米尔大公死后出现争权夺利的混战,他们放弃了抵抗,最终被夺得大公御位的哥哥斯维亚托波尔克于1015年阴险地下令处死。他们十分顺从地对待死亡,把自己完全托付给了上帝的旨意。在俄罗斯人看来,鲍里斯和格列布是信徒的榜样,因为他们表现出对上帝的绝对信赖，同基督一样，接受了无辜的痛苦死亡。蒙难圣徒级是俄罗斯圣徒独有的一个级别，是其他东正教会所没有的。公历5月15日是鲍里斯和格列布圣骨敬迁的纪念日，公历8月6日是两位圣徒的纪念日。

弗拉基米尔·莫诺玛赫大公对这两位蒙难圣徒十分敬重，主张以他们的牺牲精神来消除封建主的内讧。有的俄罗斯人将鲍里斯和格列布宁肯牺牲自我以防止战乱的精神视为不以暴力抗恶的始源。

变 容
Преображение

变容是俄罗斯东正教的一个术语，它表明圣化实现的实际情况，其意义是信徒在上帝非受造力量作用下实现的受造

物与上帝恩宠的合一。东正教关于变容的学说与一件圣事密切相关,即发生在法沃尔山上的主显圣容。至于人的变容,指的是人内在品质的充满神恩的提升、净化和被光照,而与此同时人个性的隐秘本质并不改变,上帝创造的人的本性(上帝的形象)不会受到破坏或根本改观。变容的结果不仅是思想有根本性的飞跃,而且人的肉体–感官存在的类型也会发生重大变化:人开始看见以前没有看见的东西,思考以前无法想象的事情。依照东正教传统,人的知觉的本质性扩展是通过人的能力与神的精神力量相结合来实现的,正是这种协同作用把人提升到只靠人的努力无法达到的水平。东正教信仰的所有教义都显露出神恩影响的重大意义。这里所说的神恩不是压制人自由的外在无个性力量,而是与自由有机结合的微妙精神力量。神恩不会破坏和抢走人的任何东西,而会促使人精神的真正发展,使其转向对人与上帝真正相似的追求。变容的概念还与所有受造之物和整个宇宙相关,因为所有这一切与人一样,都注定要同人一起封圣和获得救赎,而且这在很大程度上要通过人来实现。上述精神进程用俄语"变容"一词表达得十分成功。希腊正教中与这一概念相当的词是"变形",令人想到的是外在形式的变化;而在天主教传统中相应的术语是"变形"和"变像",具有外表变异的意义。相反,在东正教神学中,变容观念的潜在意义是由苦行修道的肯定因素和对世界的神秘主义认知决定的。

《察里格勒圣物圣地记》
«Беседа о святынях Царьграда»

俄国中世纪对察里格勒(即君士坦丁堡,今伊斯坦布尔)的圣物和有纪念意义地方的最好记述之一,大约写于13世纪末,作者为诺夫哥罗德的司祭格里高利(后被称为瓦西里大主教)。

忏 悔
Исповедь

忏悔是东正教会的圣事之一。忏悔时,教徒向神职人员真诚地坦白自己的罪过,表示愿意克制自己的犯罪欲望,获得道德新生,由此得到神职人员的宽恕。东正教忏悔的意义不仅在于教徒的道德完善,更是要断然摒弃人所固有的犯罪意识,战胜人内心和外在行动对堕落尘世的服从。接受忏悔的是神甫或主教。在忏悔结束以后,神职人员将圣带的一角放在忏悔者头上并诵读允准祈祷文,忏悔者要亲吻《福音书》和十字架。由此可见,忏悔包括两个重要方面:其一是悔过,忏悔者真诚地渴望抛弃自己不完善且败坏的旧生活,洗心革面;其二是接受神职人员的帮助,圣灵的恩赐正是通过他们发生作用。在东正教的教会实践活动中,忏悔一般在仪典之前进行,因为一般的信徒只有在忏悔之后才能接受圣体血。

彻夜祈祷

Всенощное бдение / Всенощная

教会的礼拜仪式,在礼拜日和大节日举行。按照教会的规章,这种礼拜仪式自节日前夕太阳落山以后开始,要持续一整夜。

它由晚祷和从午夜一点开始的晨祷组成，或由大晚祷和大晨祷组成，其间应诵读《圣徒列传》《使徒行传》或者教父的著作。节日彻夜祈祷的仪式还包括圣饼、小麦、葡萄酒和圣油祝福仪式。俄罗斯东正教每年会举行52次礼拜日和16次其他节日的彻夜祈祷，或按教堂主持司祭的意愿增加一些该仪式。

崇 拜
Культ

崇拜是传统上形成并由教会规章固定下来的圣事、仪式和圣礼的总和，其宗旨是获得上帝的恩典，促成人本质的改变，使其进入永恒的生命。东正教的崇拜活动有很强的地方特色，这是由于东正教会的规章是教会活动具体过程的组织依据，这为探寻体现基督教取之不尽的宗教内容的新形式提供了可能。崇拜进行的主要场所是教堂，其主要活动为信众的礼拜，最重要的部分是圣事。东正教中，意义最重要的崇拜活动为敬拜圣三一、耶稣基督、圣母、教会、十字架、圣物、圣像、圣尸，拜谒圣地（朝圣）和斋戒等。

东正教的崇拜充满潜在的神秘主义象征意义,许多神圣的象征和圣物在教会生活中起着巨大的作用,通常被分为征兆和形象。征兆即圣符号,它们象征性地传递出信仰真理的宗教内容,而不是直接去表现,如不呈现耶稣受难的十字架、教堂内外的建筑形式、圣坛、镶在三角框中的上帝慧眼的圣像画、天梯、神职人员的帽子、主教的权杖、各种烛台和吊灯以及圣坛中门的幔子等。主耶稣基督的征兆为祭饼中央的四方形圣饼,杯中加水的葡萄酒,直至其变为基督的肉和血。形象指物的神圣画像,它们不仅表现出一定的宗教意义,而且突显出神的世界与人的世界中物的外在相似性。形象所包含的内容很广,首先是圣像,还有救主受难的十字架、圣坛、圣坛正门、祭台、点燃的灯和蜡烛、圣香、有天使画像的圣盘、圣矛、修士的仪典和日常服饰等。

东正教会圣礼的象征、形象和物的多样性,表明了东正教会

的整套崇拜活动贯穿着地上世界与天上世界相联系的思想,因此才能发生物的世界、人和整个宇宙的圣化。

重 生
Возрождение

这是一个含义和意义博大的概念,表示人在接受洗礼时获得的上帝恩典的作用和结果。在受洗过程中,人不仅从罪中摆脱出来,得到宽恕,而且灵魂得到真正的净化,在上帝恩典的作用下获得新的生命。洗礼是重生,受洗的人是"新造的人"(《圣经·新约·加拉太书》,第6章,第15节;《哥林多后书》,第5章,第17节)。

创世记
Бытие

在基督教观念中，创世的源头是上帝创造世界的意图，它能够自由实现靠的是他的爱。上帝创世的意图被注入到万物之中，使其能够自由地走自己独立存在的路。《创世记》是《圣经·旧约》中第一卷书的名称，它分为两个部分：前11章揭示了世界和人类最初的命运，直至上帝选择亚伯拉罕为圣祖；后12—50章讲述了上帝拣选的人及其后代的事情，到亚伯拉罕的后代移居埃及以前为止。依照远古的传说，《创世记》一书与其后面的四卷书都是受由犹太人民的首领——先知摩西受上帝感召所写。

达尼洛夫修道院
Данилов монастырь

达尼洛夫修道院是俄罗斯东正教会莫斯科最古老的男修道院之一,1282年由亚历山大·涅夫斯基的儿子莫斯科公达尼洛夫所建。它在历史上曾是一座城堡,从南方保卫着莫斯科。在伊凡雷帝时代,城堡四周筑起了带军用塔楼的坚固石墙。修道院内有一座两层殿堂,专门纪念七次普世大公会议的召开。17—19世纪期间,达尼洛夫修道院的建设得到了完善,这里建起了施生命的圣三一大教堂。修

道院的墓地里埋葬着俄罗斯古老家族的代表者、作家、诗人和艺术家等，如作家 Н.В.果戈理，诗人 М.А.德米特里耶夫和 Н.М.亚泽科夫，画家 В.Г.彼罗夫，诗人、神学家和社会活动家 А.С.霍米亚科夫，等等。1929 年修道院被关闭，它的建筑成为了儿童临时收容所和分配站用房。1931 年墓地遭到了破坏，果戈理、霍米亚科夫和亚泽科夫的骨灰被移到新圣女公墓，而彼罗夫的骨灰移到了顿河修道院。1983 年修道院才得以恢复。达尼洛夫修道院内设有俄罗斯东正教会大牧首的府邸、至圣公会图书馆等。许多东正教会的重要会议常在这里举行。

大（男）修道院
Лавра

在俄语中这一术语表示的是规模大、有地位的东正教男修道院。这类修道院拥有特殊的权利，由主教辖区的主教掌管。当今在俄罗斯有两座这样的男修道院：莫斯科的圣三—谢尔盖大修道院和圣彼得堡的圣三—亚历山大·涅夫斯基大修道院。乌克兰也有两座此类修道院：基辅洞窟修道院和波恰耶夫斯科安息修道院。

大祭礼仪
Литургия

大祭礼仪即圣体血礼仪,是耶稣基督在最后的晚餐上亲自做出的规定,也是东正教会最重要的礼仪。大祭礼仪的核心部分是圣餐仪式:将面包和葡萄酒化为耶稣的血和肉。圣体血礼仪再现了基督教历史上最重要的宗教事件:道成肉身,基督圣训,基督在十字架上的痛苦死亡和复活。大祭礼仪的整个内在进程是朝向人和世界的圣化。因此可以说,圣体血礼仪是大祭礼仪的宗旨和结束。在大祭礼仪中教会显现为未来上帝之国的雏形。在进行感恩和祈祷时,圣灵对圣祭品的召唤被东正教视为大祭礼仪的中心圣礼。在这些祈祷中教会自认为是唯一的基督圣体,因此在每个教堂进行这种大祭礼仪时,教会都在神人基督的引领下,既拥有地上的也拥有上帝王国的意义。

当今在俄罗斯举行的东正教大祭礼仪有三种——金口约翰式、大瓦西里式和预先祝圣之圣体血仪式,具体进行方式在《礼仪书》中有详细说明。前两个仪式大致相同,区别只在于感恩祈祷词长短略有不同,大瓦西里大祭礼仪的时间更长一些。第三种仪式所领的圣餐须预先圣化,该仪式不包括预备祭品仪式,主要在大斋期的礼拜三和礼拜

五，以及大斋期第五周的礼拜四、主受难周的礼拜一、礼拜二和礼拜三举行。

大 节
Великие праздники

大节指俄罗斯东正教会最重要的节日，包括复活节、十二大节日（见"十二大节日"条目）及其他5个重要节日（公历）：主割礼节及圣大瓦西里纪念日（1月14日）、先知/先驱约翰诞辰日（7月7日）、最高使徒彼得和保罗节（7月12日）、先驱约翰刎头日（9月11日）和圣母庇护节（10月14日）。

大斋期
Великий пост

大斋期是指基督徒为迎接复活节严格节制生活的时期。这是为了回忆耶稣基督在荒野中的40天斋戒。大斋期从礼拜一开始，俗称"洁净礼拜一"。除圣枝主日以外，大斋期的40天中还有5个礼拜日，每个礼拜日都有其回忆的特定内容。在大斋期的许多天中都要举行与平时不同的

宗教仪式。早在基督教创始初期,教父就在教导:大斋期的外在斋戒仅仅是手段,它的目的是通过忏悔使其深入到信徒的内在精神生活中去。

大斋期之前要有3个礼拜的准备期,其间的仪式都是为了提醒大斋期这个重要时期的到来。在大斋期,每逢礼拜三和礼拜五、主受难周的礼拜一和礼拜二及第五个礼拜的礼拜四要举行预祭事奉圣礼(除圣周五以外);每逢礼拜六和第六个礼拜日要举行圣金口约翰仪式;在所有其他礼拜日以及主受难周的礼拜四和礼拜六举行圣大瓦西里仪式;大斋期中的礼拜一、礼拜二和礼拜四不举行仪式。每个礼拜日的仪式安排如下:第一个礼拜日的仪式之后举行正教胜利日礼仪，以纪念842年拜占庭恢复敬拜圣像的教规；第二个礼拜日献给圣主教格利高里·帕拉玛；第三个礼拜日敬拜十字架；第四个礼拜日献给圣约翰·列斯特维奇尼克（西奈山修道院院长）；第五个礼拜日献给玛利亚·叶基别茨卡娅（她于6世纪在巴勒斯坦从事宗教活动）；第六个礼拜日称为圣枝主日，庆祝主进圣城节。

大主教

Архиепископ

大主教是高级主教，是大主教管辖区内职位最高的神职人员。大主教这一品级从主教的级别中分离出来是在基督教早期时代，约2—3世纪，其目的是监管主教。大主教是管辖宏大规模教区的主教。古罗斯最早获得大主教封号的是诺夫哥罗德的主教（1165年）。如今在俄罗斯的东正教会中，大主教是荣誉称号，高于都主教。

祷 告
Молитва

又称祈祷,指信徒向上帝的真诚告白和倾诉,是基督教宗教生活的重要组成部分。这种向上帝的祈祷实质上是自发的,但可能有一定的程序,已进入崇拜和仪典之中。祈祷在基督教中如此重要,是因为它象征着信徒灵魂、智慧和心灵向上帝的上升和靠近,是信仰者与上帝世界的交往方式,也是获取上帝恩典的方式,还是教会成员之间互相联系的方法。正是通过祈祷,地上教会与天上教会得以联系在一起。因此,当代俄国神学家伊拉里昂(阿尔费耶夫)指出,祈祷是人与上帝的共同创造,人要做的是全力做好自己的灵修,上帝则赐予神恩。

祈祷的形式可能是信众共同的,也可能是完全个人的;可能用言语表达出来,也可能是在心中默祷。就内容而言,祈祷分为赞美上帝、感恩、忏悔和请求宽恕等。宽恕的对象包括自己、他人、生者或逝者。信徒在祈祷时要满怀虔诚、信任、希望和爱,而祈祷者本人在祈祷过程中会感受到尊敬、荣耀、感恩和宽恕。宽恕并不意味祈祷者会使上帝的意志陡然改变,而只表明一种希望,即上帝实现自己意志的方法可能有所改变。在《圣经》的理解中,祈祷所依据的是上帝与人立的约;而在基督教中,祈祷依据的是耶稣基督救赎人类的祭献。依照东正教的观念,祈祷中上帝与人的关系不是奴隶般的,而是父子般的、友好的和信任的,但祈祷者对上帝之约和圣子的牺牲必须是极其严肃认真的。祈祷就是为了在上帝旨意的指引下来对待生活中的事情和问题。可以说,祈祷是与上帝和解的办法,是认识上帝的源泉,也是在世界上认识天国之路并获得内心平和的途径。一般认为,祈祷的最高形式是默想和内省。

道成肉身
Воплощение

道成肉身是基督教的一条基本教义,指的是上帝的儿子耶稣基督由至圣童贞女马利亚所生,以与人相同的肉身来到世界上。这一教义从教会诞生初期开始就成为神学极为关注的研究对象。在《圣经·新约·福音书》中,多处谈到救主基督所拥有的人的本性,把基督称为人,如《提摩太前书》的第2章第5节、《使徒行传》的第17章第31节、《约翰福音》的第8章第40节、《罗马书》的第5章第15、19节等;并且,《新约》中还指出耶稣基督是另一个亚当,如《哥林多前书》的第15章第45节、《罗马书》的第5章第14节等。《福音书》中还明确地讲到耶稣基督为童贞女马利亚所生,是大卫王的后代,又是亚伯拉罕的祖先(参见《约翰福音》,第8章第56—58节)。基督在人世间生活时,他的肉体的本性与人完全相同,服从人生命的自然规律,经历了人成长的各个阶段,与人有同样的生活需求,遭受了痛苦与死亡。教父和教会的导师从基督教诞生起就致力于这一问题的阐释和讲解。救主基督与亚当其他子孙不同的地方是,他是由圣灵感孕而生,生来便摆脱了人所遗传的罪和缺点,不会犯人所犯的任何罪。

"上帝成为人"这件事在世界历史上是独一无二的,它从根本上改变了上帝与人的关系。基督教的这条基本教义确证,耶稣基督身上实现了上帝与人本性的结合。基督教中神人本性结合的学说在451年召开的查尔西顿普世大公会议上有所阐述,所下的定义为:耶稣基督是完美的上帝和完美的人,与上帝之父同性同体,与人类之人同性同体,除无罪之外,在一切方面都与我们相同;

两种本性在耶稣基督身上虽相联却不相融,但也不分离。对此应做这样的理解:基督的个性不属于人而属于上帝,但他也体现了人的本性和属于人而不属于上帝的意志,不过基督身上人的意志自由地服从上帝的意志。这一学说是在680年召开的第6次普世大公会议上确立的。东正教突出强调上帝是神迹和奥秘,这一切是人的理性所无法认知的。依照东正教的教理,圣子肉身的出现和他救赎人类的苦行是人类历史的精神中心,正是通过这一事件才能实现宇宙的终极目标。在西方神学中,自奥古斯丁的时代起,道成肉身就被认为是复原堕落之人的本性的手段。

德米特里·顿斯科伊
Дмитрий Донской

德米特里·顿斯科伊(1350—1389)是被宣圣的莫斯科大公,为了使俄罗斯摆脱蒙古鞑靼人的统治,他首次把俄罗斯各公国联合起来。他是莫斯科大公伊凡·克拉斯内和大公夫人亚历山德拉的儿子,10岁时不幸丧父,后由都主教圣阿列克谢承担起培养和教育他的责任。圣阿列克谢向他传授了掌管莫斯科公国之道。1378年德米特里·顿斯科伊率军在沃扎河上击败了金帐汗国的军队。1380年他得到拉多涅日的圣谢尔盖的祝福,在顿河上游的库利科沃原野上与金帐汗国的汗马迈的军队进行了大规模会战并大获全胜,人们因此称他为"顿河的"德米特里。可以说,德米特里·顿斯科伊是俄国历史上深受全民爱戴的执政者之一。他首次不经金帐汗国批准就把大公职位传给了瓦西里一世。

敌基督
Антихрист

又称反基督,指耶稣基督的敌对者。敌基督的概念早在基督教产生的初期就已经出现,指的是受魔鬼派遣,在救主耶稣基督再次降临尘世之前出现在人间的他的反对者。敌基督要集中世间所有的恶以反对基督教会,但撒旦的这个使者必将被再临的基督击败。依照使徒保罗的学说,敌基督是一个大罪人,他把自己伪装成基督。从13世纪开始,宗教改革者把敌基督视为教皇和罗马圣统。在希腊东方教会中,从15世纪起把撒拉泰－土耳其穆罕默德的统治视为敌基督。在《启示录》中,敌基督被象征性地描绘成10角7头兽的形象,用数字666来标示(《圣经·启示录》,第13、18章)。

地 狱
Ад

又称阴间,是由撒旦和魔鬼主宰的永恒死亡和痛苦的王国。按照东正教的观念,地狱是在背叛上帝的堕落天使被贬到地下以后产生的。尔后,那些灵魂不皈依上帝,不接受基督。受到恶灵控制的死人灵魂要下地狱,承受永恒的惩罚。在《福音书》和教父的著作中,地狱永久不变的特征是灼热和火。地狱之火并非尘世的物质之火,它虽永不熄灭,但不发光。所以,地狱里永远是漆黑一片,没有一丝光亮。虽然在这种黑暗之中燃烧着神秘的不灭之火,但对于那些同基督在一起的人来说,地狱并不可怕,他们的死亡会变为永生,因为基督在被钉上十字架以后曾经下过地狱,从地狱中把所有《旧约》中的义人带领出来,取缔了地狱对人的亡灵的权力,消除了死亡对人类的威胁。关于基督到地狱中去的这件事,教会在主受难周的圣星期六中有所提及。

洞窟修道院的圣安东尼
Антоний Печерский

圣安东尼(983—1073)是圣徒、修士,基辅洞窟修道院和俄国修士生活的奠基人,出生在切尔尼戈夫附近的柳别奇市,在圣阿封山成为修士,后在基辅按照圣阿封山的模式创建了洞窟修道院。他自幼便渴望独处,于是到了希腊的圣阿封山,在那里当了修士,得修士名

"安东尼"。像许多圣阿封山的修士一样,他为自己选择了独居隐修的生活方式。圣阿封山上一直保存着他开始苦修的洞穴。几年以后,安东尼想回到自己的祖国,圣阿封山修道院的院长允准他离开并为他做了祝福。安东尼回到基辅以后,住在瓦兰人在第聂伯河高耸的河岸上挖掘的洞窟里。在基辅罗斯的弗拉基米尔大公去世以后,斯维亚托波尔克执掌了基辅罗斯的大权,迫使自己的兄弟鲍里斯和格列布付出了流血牺牲的代价,安东尼忍无可忍,又离开了基辅,重新回到圣阿封山。但过了不久,智者雅罗斯拉夫赶走了杀害亲兄弟的斯维亚托波尔克,成为基辅大公,他在别列斯托沃村为圣使徒修建了一座教堂。这座教堂的司祭伊拉里昂(后来成为俄国的第一位都主教)在第聂伯河岸的沙丘上挖了一个不大的洞穴,经常一个人悄悄地到那里去祈祷。与此同时,圣阿封山修道院的院长费奥克季斯特长老召见了安东尼,希望他回到自己的祖国,去建立第一座修道院。安东尼回到第聂伯河岸边,找到了伊拉里昂挖的洞穴。此时,伊拉里昂已按智者雅罗斯拉夫的要求在基辅供职。安东尼用手挖大了这个洞穴。从1051年起,这个洞穴成为了他长期居住的地方。一些虔诚的祈祷者逐渐聚集到这里,其中包括伊拉里昂和年轻的费奥多西(后来的修道院院长)。洞窟的面积被扩得越来越大,而且修建了地下教堂和许多静修室。几年以后,安东尼决定独居隐修,他在相邻的沙丘上挖了一个新洞穴。但他依然是精神导师,修士们还是经常到他的住处来向他讨教。据编年史家圣涅斯托尔的记载,圣安东尼有预见未来的先知恩赐。圣安东尼的圣髑保存在他灵修生活最后16年的洞穴中。圣安东尼纪念日为公历7月23日、9月15日、10月11日。

都主教
Экзарх

都主教是掌管规模宏大教区（都主教教区）的主教，通常设置在国外有基督教牧首辖区的地方。一个都主教教区可以有几个主教区，其主教和大主教都受都主教的管辖，而都主教受牧首或主教公会的管辖，但拥有一定的独立性。俄罗斯东正教会在西欧和中欧、中美洲和南美洲都有都主教教区。

独立教会
Автокефалия

又称自主教会，是行政完全独立的地区教会。东正教对独立教会建制原则的主张，反映出它与各民族文化历史的深层有机联系。普世教会承认每一个信奉东正教的民族都有权建立自己的独立教会，可以实行教会自治。俄罗斯东正教会于1448年成为独立教会，其标志性事件是全俄莫斯科都主教的选举，它完全是在君士坦丁堡牧首区管辖之外独立进行的。1589年开始实施的牧首制确定了俄罗斯东正教会的独立地位。目前世界上有15个东正教的独立教会，它们是：君士坦丁堡、亚历山大（埃及和一些非洲国家）、安提奥克（叙利亚和黎巴嫩）、耶路撒冷、俄罗斯、格鲁吉亚、塞尔维亚、罗马尼亚、保加利亚、塞浦路斯、埃拉多斯（希腊）、阿尔巴尼亚、捷克、波兰和美国独立教会。

多神教
Язычество

依照东正教的传统观念，多神教是古代宗教信仰的总和，其特征是神化自然力并与信奉世界以外的唯一人格化神的宗教相对立。多神教信仰的核心是自然主义的多神崇拜，它盛行于希腊罗马时期的希腊罗马文化之中。俄语中"多神教"这一术语的产生源自教会斯拉夫语中的"Язы́цы"（对这一术语有两种不同的解释：一种为众人议论纷纷的问题；另一种为民族）。从最初的意义而论，多神教的意思是原始人对多个神的信仰和崇拜。多神教在本质上并不是对一个神或多个神的信仰，而是对总体上独立自在的自然秩序的信仰，对决定宇宙功能统一的生死循环的信仰。多神教的众神只是独立自在的自然潜力和力量的表现。由于多神教是绝对独立的宇宙的宗教，其神秘论是人与独立的宇宙

现实相联结的奥秘的学说。多神教的伦理学不是以个人的自由创造活动、灵修功夫来评价，而是以他为宇宙秩序所做的贡献为道德标准。

基督教将多神教视为异教，对其持绝对否定的态度。使徒保罗说，多神教信奉者"将神的真实变为虚谎，去敬拜侍奉受造之物，不敬奉那造物的主。主乃是可称颂的，直到永远"。(《圣经·新约·罗马书》，第1章，第25节)依照保罗的看法,这必然会导致人内心的昏暗和道德沦丧，因此应受到上帝的惩罚。而希腊罗马时期的文化及与其紧密相连的哲学观念则认为，宗教是生活安排之事，而不是真理之事。由于多神教奉行偶像崇拜、鬼神崇拜、巫术和魔法，并信仰多个自然神，在此基础上做出了许多罪恶的事情。早期基督教思想家在道德和精神方面对多神教信仰者绝不妥协,认为必须给他们宣讲《福音书》。在现代新多神教的语境中,基督教信徒的任务是对所有值得注意的文化创造者的精神经验都给予应有的评价,肯定他们对真、善、美的探索,而不是将这一切归咎于魔鬼或敌基督。

Е—G

俄罗斯东正教会 Русская православная церковь
恶 Зло
恶魔 Диавол
恩典 Благодать
法沃尔之光 Фаворский свет
菲拉列特 Филарет
封圣 Канонизация
否定神学 Апофатическое богословие

《福音书》«Евангелие»
辅祭 Диакон
辅祭长 Протодиакон
敷圣油仪式 Елеосвящение
感恩礼 Евхаристический канон
革出教门 Анафема
革新教派 Обновленчество
国家 – 教会关系 Государственно-церковные отношения

俄罗斯东正教会
Русская православная церковь

俄罗斯东正教会是世界上现有最大的地区自主教会,是俄国社会政治和精神生活的最重要体制之一。自988年古罗斯接受基督教(1054年后为东正教)洗礼以后,它在俄罗斯国家的形成和发展过程中承担了重要的职能。"最高政权由神授产生"(沙皇登基必须通过受膏仪式)的思想促进了大公政权和沙皇政权的巩固。俄罗斯东正教会于1448年获得了自主权,1589年确立了牧首制。拜占庭衰败以后,俄罗斯东正教会实际上成为世界上最大的东正教会。俄罗斯东正教会的教阶组织机构是消除中世纪以莫斯科为中心的古罗斯封建割据和形成政治团结一致的重要因素。信仰和崇拜活动及家庭日常生活和劳动由东正教教历规定了统一体系,促成了俄国信奉东正教的各民族文化共同性的形

俄罗斯东正教会第一任牧首约伯

成。中世纪古罗斯教会的执掌者参与国家大事的决定，这对保持社会和睦有良好的促进作用。当时，大公文书通常以"受我们父——总主教的祝福……"开头，并且末尾要有总主教的签名和盖章。总主教在国家事务中起着调解者的作用。在金帐汗国统治时期，总主教们在莫斯科公国大公统治权封诰这件事上也鼎力相助。从16世纪中期起，总主教（1589年起改称"牧首"）和主教受邀进入沙皇杜马并出席国民代表会议，城市的军政长官在遇到重要问题时要与教区主教商量，市民在受到官吏的欺压时也会向主教寻求护佑。17世纪下半期教会陷入分裂状态，彼得一世进行宗教改革，废除了牧首制，终止了教会自治的大公会议制度，建立了服从于国家行政机关的至圣主教公会。

自东正教会产生至彼得一世18世纪初期的改革这段历史时期，以主教为代表的东正教会始终是世俗政权的独立程度不同的伙伴。教会的这种作用是由它的财产状况和司法特权决定的。从12世纪中期起，教会就开始拥有动产和不动产，包括土地，主要来源于公们和大贵族的赐予、富有剃度修士的捐助以及教会自己的财产。与此同时，教会还拥有庞大的司法部门，以往基于普通法律审理的案件（主要是家庭婚姻关系）也进入它的监管范围之内。教会所在地区居民的所有案件都归主教法庭来审理，包括教会全体工友以及寡妇、残疾人、乞丐等需要教会物质救助之人的案件。教会的财产状况和它的法律豁免权，使其成为独特的"国中之国"，从15世纪起，这与形成政权统一中心的需求间的矛盾日渐尖锐。莫斯科大公和俄罗斯沙皇（从16世纪中期起）逐渐压制了教会圣统的反抗，限制了教会修道院占有的土地数量。而从1764年叶卡捷琳娜二世颁令之时起，教会的土地开始实行国有化。1648—1649年国民代表会议做出决定：法律的准则适用于所有

彼得一世

人，包括教会神职人员，每个人都应按照世俗法律的民法和刑法进行审理和裁决。不过，沙皇政府的这一决定只有到18世纪初期彼得一世改革时才完全执行。依据彼得一世对教会管理的规定，主教法庭只有审理违背信仰的罪行的权力。教会的此项司法职能一直保持到20世纪20年代初期。

随着经济独立性的丧失和法律特权的取缔，教会从国家的伙伴变成了它的仆从。牧首制被废除，教会机构成为"东正教信仰部门"。1721年取代牧首制的至圣主教公会实际上成为了国家机关的一部分。彼得一世宣称他是教会的最高裁判者。保罗一世将神职人员视为特殊的官吏，鉴于他们也在为国效力的岗位上，因此决定对他们实行勋章授予政策，这使得神职人员有权获得世袭贵族的爵位。尽管教会和国家的关系在不同历史时期不尽相同，地区教会的教堂在古罗斯、中世纪和近代在俄国人的生活中都起着重要作用。可以说，教堂不仅是宗教的，

叶卡捷琳娜二世

而且是社会生活的中心。人们的个人和家庭生活中的所有最重要事情都与堂区教堂相关联,当局的所有最重要决定也都在这里宣布;贸易活动使用的尺和秤的标准样件都保存在大教堂里;教堂门前的广场是人们聚集和商讨各种问题的场所。后来,教堂附设了学校和养老院。堂区教民的生活还与土地所有者和村社密切相关。土地所有者经常推荐自己的奴隶去做司祭,名义上称其为自由人,村社通常都会将其作为候选人。这样一来,堂区司祭选举的人选就局限在神职人员和他们的后代范围内。堂区神职人员的物质生活一般都很贫穷,他们的主要收入来源是土地所有者或村社划分给他们的份地,还有教民为圣事、复活节、圣诞节和其他大节等缴纳的钱或物。由于神职人员数量过多,他们之间经常会有竞争。农村和部分城市的司祭通常文化水平低下,有的甚至不识字。他们在主持圣礼时只凭记忆,而不讲道。有文化修养的司祭和辅祭逐渐开始承担某些社会职能,诸如参加村社法庭审判,以村社的名义

向当局递交呈文,其中辅祭还会为村社起草国民代表会议的文书。从18世纪初期起,教区的神职人员逐渐成为封闭的享有特权的阶层,越来越脱离教区的信众。教会的职位由选举变为继承,到19世纪则由主教区主教直接任命。神职人员脱离教民还引起一个后果:他们实际上是在为国家供事,必须承担实质上由警察承担的职能,向当局禀报堂区教民政治方面的不法行为,包括他们在忏悔时所说的事实以及种种越轨行为等。东正教与国家政权的结合歪曲了教会宗教使命的意义,用形式上的礼仪偷换了真正的宗教生活,造成了对宗教的冷淡态度和怀疑论的广泛流行,促使一些教徒成为分裂派或异端。这一切导致了19世纪末到20世纪初教会出现的深刻危机。

在俄罗斯东正教会中,修士生活是一个独特的组成部

分。修士生活的使命是完成重要的社会道德职能——成为高尚道德原则的承载者,将这些原则从学说的理想标准转化到现实生活层面,为人们提供道德定向标,促进社会的精神升华。俄罗斯东正教修士苦行修道的典范为洞窟修道院的费奥多西(11世纪)、拉多涅日的圣谢尔盖(14世纪)和萨洛夫的圣谢拉菲姆(19世纪)等。但不可否认,修道院和修士的灵修生活中充满了人的宗教理想与尘世物质生活享乐诱惑的悲剧性冲突。从14世纪起,修道院远离城市,迁到僻静的无人之地,可以说是俄国开拓无人地区的先驱。由于修道院的土地免征税,那里很快就住满了农民;又由于修道院从国家和大贵族那里获得了许多经济支援并善于合理组织各种生产和致富活动,16世纪东正教的修道院已成为俄国的强大经济力量,其所占有的土地已占俄国农业用地总面积的三分之一。修道院这种理想和务实精神的最忠实体现者是禁欲派的修士,如基里尔·别洛泽尔斯基、尼尔·索尔斯基和伊凡·帕特里克耶夫等。与他们形成对照的是修道院里那些贪欲很强的修士,他们是约瑟派。最终,约瑟派占了上风,因为他们的主张更符合教会作为社会机构的作用。由于国家对农业用地和财政收入的需要日渐增长,政府开始限制修道院的占地面积,并且减少了修道院的数量。在18世纪叶卡捷琳娜二世执政时期,关闭了约500座修道院,相当于其总数的二分之一。但到了19世纪,尤其是下半期,修道院又得以复兴,到1917年总数已达到816座,修士和见习修士约有103 000人。

教会在古罗斯精神文化和教育的形成和发展过程中起到十分重要的作用。虽然它的文字可能出现在10世纪初,图书文献只是随着接受基督教才产生。11—12世纪之交,在翻译教会书籍的同时,也开始翻译世俗的希腊文献。12世纪初期,古罗斯第一部编年纪事文学《古史纪年》问世。随着接受基督教洗礼,古罗斯产生了书本知识,它首先满足了教会的需求。11世纪中期,基辅索菲亚大教堂已经收

集了许多书籍和文献,可以说,这里形成了古罗斯图书馆最早的雏形。基督教在古罗斯的传播还促进了教堂建筑业的发展,带动了造型艺术(圣像、壁画、马赛克等)的广泛应用。金帐汗国的统治给古罗斯的宗教文化造成了极大的损失,所以,14—16世纪俄罗斯展开了对已中断的传统文化的恢复工作,此时出现了许多杰出的画家和圣像画师等。17世纪的宗教文化出现了世俗化的倾向,教会开始失去在教育领域的垄断地位,世俗的现实主义情调渗入到教堂的艺术中。尽管如此,教会不仅保持而且强化了在民众教育方面的作用,18—19世纪的教会教区学校是普通民众孩子受教育的主要形式。

俄罗斯东正教会的一项重要工作是传教士活动。它的规模和性质一方面与国家对新地区的军事、政治和经济开发相关,另一方面还与传教士的数量和质量有关。15—17世纪传教士在一些地区和民族,如伏尔加河沿岸和西伯利亚的穆斯林、东西伯利亚的佛教徒和北方的萨满教徒及多神教徒中,强制性地进行布道活动,迫使他们接受东正教洗礼。拒绝接受洗礼的人会被赶到特殊的村镇里去居住,接受洗礼的人则享受免于纳税和赋役的待遇,以及许多其他优惠。这造成了一种假相:许多人都皈依了东正教,信徒数量大为增加。但这只是一种表面现象,有一些人公开进行反抗,甚至聚众起义,如众所周知的伊凡·博洛特尼科夫领导的起义(1606—1607)和斯捷播·拉辛领导的起义(1670—1671)等。18世纪末—19世纪初对传教士活动进行了彻底的改革,传教士团要按地区一站一站地进行活动,如高加索、西伯利亚、阿尔泰和外贝加尔等地区。1814—1823年东正教

礼仪书和《新约》已翻译成鞑靼语、楚瓦什语、莫尔多瓦语、卡尔梅克语和卡累利阿语等。同时,传教士团还担负了重要的社会职能:在自然条件允许的地方帮助人们定居,教他们种植蔬菜和饲养牲畜;为非俄罗斯教徒的孩子开办学校,运用他们的本族语言进行教学,同时教他们俄语;建立医院和疗养院;等等。这样一来,传教士们促进了俄国各民族社会、文化和政治的一体化,为加固俄国的多民族社会提供了精神思想前提。

在苏维埃政权时代,东正教会不仅失去了国家地位,而且完全丧失了从事传统宗教和社会活动的可能。尽管如此,对于相当多的居民而言,它依然是道德权威、文化民族传统的承载者和人民历史记忆的保存者。这一切在卫国战争年代有特别鲜明的表现。近几十年来,人们对教会作用的看法依然没有改变,他们希望教会在后苏联时期的精神复兴中能够发挥重要作用,对俄国传统价值的重建产生决定性影响。

但与此同时,教会生活中也出现了许多问题:众多教区活动的恢复需要大量神职人员,而俄国目前没有这样的储备;教堂的凄惨状况给教会带来物质财政方面的困难,并且教会还未准备好同其他基督教教派在传教士活动领域的竞争;社会上的民主化对教会生活也产生了负面影

响,削弱了教会的戒规,降低了圣统的威望,有些神职人员离开自己所在的教会而进入另一个司法管辖范围的东正教会,包括境外的俄罗斯东正教会。苏联的解体引发了教会的离心倾向,在一些重新成立的主权国的领土上,逐步建立起脱离莫斯科牧首辖区的民族教会组织,诸如隶属于基辅牧首辖区的乌克兰东正教会、爱沙尼亚使徒东正教会,以及试图归入罗马尼亚东正教会管辖的摩尔多瓦的一些教区等。俄罗斯东正教会把当今俄国政治、经济和社会道德等问题的根源归结为人心灵的疾病,因此,教会的使命首先是人的宗教道德复兴。在目前四分五裂的社会环境中,教会应成为和解和凝聚的力量,而不应该只支持哪一派政党及其运动,也不应该倾向于哪一种国家制度。教会现在正积极地恢复和发展各种传统的社会活动——教育、慈善募捐和生产等。为了有效地保证这些活动顺利进行,莫斯科牧首辖区成立了相应的管理部门,其中包括:宗教教育和教义阐释部,其宗旨是协助主教区建立东正教

儿童和成人教育体系，为实现宗教启蒙教育培养教师并从事出版活动；教会慈善和社会服务部，其宗旨是为难民和被迫移民的人、自然灾害受难者提供帮助，组建募捐机构，协调主教区的社会工作；军队和司法机构协作部，其宗旨是协调恢复忠实为国家服务的传统工作，为退役老兵、战争牺牲者家属等提供社会援助，组织神职人员去军队探望信仰东正教的官兵，以及去劳教机构探望劳改犯等。为了保障教会社会服务的最大效益，莫斯科牧首辖区还与许多联邦机构，如卫生部、教育部和内务部等签订了合作协议。

从20世纪80年代末起，东正教会同俄国其他宗教组织一样，经历了一个全面复兴的过程，建制更加完善。从2002年出版的权威性工具书的统计数据来看，截至21

世纪初,俄罗斯东正教会共有130个主教区(1989年仅有67个),13 000多个教区(1988年仅有6 893个),569座修道院(1980年仅有18座),其中有两座——圣阿封山上的庞德雷蒙男修道院和耶路撒冷近郊的戈尔年斯基女修道院——在国外。俄罗斯有120个教区分布在国外,它们组成了3个监督司祭管区和5个主教区。到本世纪初,俄国已有5所神学院(1991年仅有2所),30所神学校(1988年仅有3所),45所宗教学校(1990年以前没有此类学校);新开设了2所东正教大学和1所神学院,3所主教区女子宗教学校;此外,还创办了7所教义师学校、3所女诵经士学校、11所合唱指挥学校、4所圣像画绘制学校和分部,以及仅在莫斯科开设的123所教会堂区礼拜日学校。传教活动和出版活动也在积极展开。

直至今日,俄罗斯东正教会的首领依然是莫斯科和全俄牧首。俄罗斯东正教会的历史上共有 16 位牧首。1990—2009 年担任第 15 任莫斯科和全俄牧首的是阿列克西二世(阿列克西·米哈伊洛维奇·里季格尔),在他谢世以后,由基里尔(弗拉基米尔·米哈伊洛维奇·贡佳耶夫)于 2009 年 2 月 1 日继任莫斯科和全俄牧首。

恶
Зло

又称罪恶,是灵和肉体不应有的恶劣状态,给人造成精神和肉体的痛苦。依照东正教信仰的学说,恶是有罪的自由和错误的意志带来的结果,它与上帝对世界和人的美好意愿相违背。因此,对尘世的罪恶应承担责任的是不受约束的精神存在物——堕落的天使和跟随他们的人。善发端于上帝,恶与之不同,它最终将被上帝的力量所战胜。

恶 魔
Диавол

又称魔王,是上帝的敌人和恶魔的首领,诽谤者和诱惑者。通常所指的是堕落的邪鬼、鬼怪、魔鬼、天使等。有时,恶魔还用来指称有罪恶灵魂的人们。教会关于恶魔的学说与二元论不同,承认恶魔是创世者造出来的,最初是善的天使,后来按自己的意志堕落并成为恶和黑暗的代表者。东正教把一切与真理和善相敌对的言行都视为恶魔的作为,把多神教的神话和哲学都归罪于恶魔,扰乱教会的异端被认为是受了魔鬼的影响。不过,教会的学说从不认为恶魔能迫使人违背自己的意志去作恶。教会的导师们把骄傲、自高自大、忌妒和贪欲视为恶魔堕落的原因。

恩 典
Благодать

又称恩惠、恩宠,是圣灵对人的感化。恩典作为一种特殊的神力,从天庭降临到人身上,是为了救赎人的灵魂,使人能够战胜自己内在的不完美和罪恶的念头。恩典是人获得真正的完善和救赎必不可少的条件。在正教的东方，恩典最初被理解为精神力量，它以极其隐秘和个性化的方式产生影响。如果说依照天主教会的观念对受造物的恩典外在于上帝，作为宽恕和赦免从外部赐予人，那么东正教会认为，恩典犹如人的灵魂与上帝的世界的直接接触。并非所有人都能获得上帝的恩典，但在人精神发展的最高阶段，恩典的降临如同在法沃尔之光照耀下的彻底更新和改观。在东正教会的传统中，斋戒、祈祷、善事只是获得恩典的可能手段，因为基督徒生活的真正目的应视为与圣灵的联结。东正教强调，恩典不是对人道德功绩的奖赏，而是上帝完全自由的赏赐，不取决于人付出了多少努力。圣父遵循恩典与人的自由协同作用的原则，教导我们说，恩典不压制人的自由，不迫使人的自由意志服从自己，而是用至高的精神力量去丰富和巩固它，同时促进人固有的个人才能的展现以及他对阻碍自己按上帝意志生活的一切的自由拒斥。恩典的涌现总是通过教会的圣事，教会能够做这些圣事是其中有圣灵临在的象征。每一件圣事中都拥有特殊的圣礼，而通过所有的圣事，人的整个生活在精神上就会得到改变。

法沃尔之光

Фаворский свет

法沃尔之光是耶稣基督显圣容时脸上发出的神秘的神之光。耶稣基督和他的三个门徒彼得、雅各和约翰一起登上法沃尔山,"就在他们面前变了形像,脸面明亮如日头,衣裳洁白如光"(《新约·马太福音》,第17章,第2节)。教会将这一事件视为特殊的节日——主显容节。

菲拉列特

Филарет

菲拉列特(本名德罗兹多夫·瓦西里·米哈伊洛维奇,1782—1867)是俄罗斯东正教会的著名主教、神学家、哲学家、圣书史家、天才的传教士和俄罗斯第一位神学博士(1814)。他出生在莫斯科近郊古老的科洛姆纳市一个东正教辅祭(后为司祭)之家,童年时代在祖父(司祭)和祖母的照

顾下度过。曾就读于科洛姆纳神学校和圣三一神学校，1808年成为修士，1811年任修士大司祭，一年后被任命为圣彼得堡神学院院长，1817年被授予主教职位，1921年起任大主教，尔后为莫斯科都主教。菲拉列特在莫斯科主教职位上卓有成效地工作了近半个世纪（1821—1867）。同时，他撰写了一系列关于教会历史和神学的著作，诸如《教会圣经历史教程》《创世记书札记》《信仰学说中东西方教会的差异》，以及简明和广义教义问答等。他还是1861年2月19日废除农奴制宣言的作者。菲拉列特集睿智的主教与虔诚的修士、神学学者、天才传教士和国家治理思想家于一身，在俄罗斯具有极高的权威和影响，同时代人将其称为全俄都主教、俄罗斯教会的"天生大牧首"。

菲拉列特将把圣书从古斯拉夫语译成俄语视为自己毕生的重要任务之一。需要指出的是，他完全认可教会斯拉夫语的神圣意义，从未产生过在仪典中使用现代语言的想法，把《圣经》译成俄语只是为了便于东正教教民在日常生活中更清楚地理解《圣经》文本。他最终实现了自己的心愿，于1862年出版了《新约》的精准俄译本。1876年，在圣主教去世后，《圣经》全书的俄译本公之于世。

除宗教启蒙工作以外，菲拉列特还从事一些教会、国家活动。作为东正教的重要牧者，他坚持教会在国家生活中的内在独立性，坚定不移地认为主教们在所有社会事务中所遵循的必须是东正教的传统精神，而不是政治适宜性。由于他与至圣主教公会的原则产生了分歧，自1843年起他不再参加其任何会议。不过，所有教会生活的重要问题都会事先与他商量并征得他的同意。菲拉列特一贯严守东正教的传统，提出了一种解决教会与国家关系的构想：教会和国家机构工作基本原则的精神结合，可以通过国君来实现，但不应将二者合而为一或互相偷换。他强调指出，以神圣的方式只能使国君而不能使国家接受登基涂油仪式，正因为如此，世俗政权机关无权决定教会的生活。另一方面，教会也不能直接给国家规定《福音书》倡导的道德标准，因为救主基督用自己的道德学说创建的不是国家，而是教会。国家的使命是以外在的法律之力去保卫人们的个人和社会生活，它不能总是遵行基督教学说的高尚原则。菲拉列特是极富宗教天赋的修士，他的修士生活颇为严格，拥有深刻的宗教神秘主义经验。他虔诚地敬仰萨洛夫的圣谢拉菲姆长老，整理并公布了他的教诲，克服了来自至圣主教公会主教们的阻碍。菲拉列特还禀有治病和预言的天赋。东正教的传说中保存了许多他施神迹助人、救人的事迹。1994年召开的主教会议上，都主教菲拉列特被封为圣徒。他的圣髑保存在圣三一谢尔盖大修道院。菲拉列特的纪念日为公历12月2日。

封 圣
Канонизация

封圣即把已逝去的苦行修道者封为圣徒。封圣的依据是：为了基督教信仰在忍受苦难中死去；生前和死后能治病救人和施行神迹；有足够神圣的圣徒经历；在宣传基督教教义方面卓有功绩；其圣徒精神深受民众赞颂；圣尸不朽。地方主教区范围的封圣由教区主教来主持，而全民范围的封圣由主教会议或地区宗教会议来决定。教会要为受封圣徒规定纪念日，为其举行隆重的宗教仪典。

否定神学
Апофатическое богословие

依照否定神学的观念，在描述上帝时，不能使用任何他所创造的世界的概念，因为上帝与受造世界中的一切完全没有可比性，我们关于受造物生活所说的话、名称、观念和概念对于认识上帝都不适用，所以只能用否定的定义。否定神学宣称上帝的绝对不可认识性，捍卫上帝人格化神本性的隐秘性，这种神学认识论原则在东正教中具有特殊重要的神秘意义。按照否定神学的理念，人要想认识上帝，必须完全弃绝将其与世界现实的任何类比。如果我们说上帝是仁慈的，应该记住，上帝高于所有的仁慈，是最仁慈的；如果我们说上帝是存在的，那么不应忘记，上帝的本性具有超存在性；如果我们说上帝是智慧的，那么不应忘记，上帝是圣智慧。还应注意的是，否定神学绝对不是简单地禁止对上帝进行抽象、逻辑和理论思考，而是把基督教信仰者的意识引向个人精神归复上帝的内在直觉、神秘之路。与否定神学概念相对的是肯定神学，也称正面神学，它主张通过肯定的属性和特征来描绘上帝。

《福音书》
《Евангелие》

《福音书》是《圣经·新约》前4卷书的统称。其中阐述的是关于生命的"福音"和使人类获得救赎的耶稣基督的学说。在4卷《福音书》中，前3卷（即《马太福音》《马可福音》和《路加福音》）是对观性的，它们在结构和内容方面很相近，但又都有各自的独特性。研究《圣经》的学者甚至对其相似和不同之处做了数字上的统计：如果将每卷《福音书》的全部内容定为100，那么《马太福音》

与其他福音内容的相似之处为 58%，不同之处为 42%；《马可福音》的相应数字为 93% 和 7%；《路加福音》为 41% 和 59%；《约翰福音》为 8% 和 92%。相似之处主要是对耶稣基督话语的引用，不同之处主要是在叙述部分。

《福音书》产生的年代为 1 世纪下半期。最早的新约著述为使徒书信，但不久之后，人们就产生了一种对详细讲述耶稣基督在世间生活的著作的需求。《福音书》的 4 位作者中，马太和约翰是使徒和耶稣基督事业的见证者，其余二人为"使徒式人物"，相传马可也是基督后期生活和事业的见证者。从早期教会还流传下来一种说法：《马可福音》深受使徒彼得的影响。

辅 祭

Диакон

源自于希腊文"助祭"的音译,在东正教会中为主持最低层次圣事的低级神品神职人员。这个职务产生于古代使徒时代(即基督教会形成的最初几十年)的第一个耶路撒冷教会团体中。随着耶稣基督学说追随者的增多,使徒们感到无暇胜任教会团体的日常事务,于是在团体中选出了7位承担这些事务的人。后来,辅祭的职责范围进一步扩大,负责监督教会、信徒的行为和道德,料理教会财产,发放施舍,赡养孤儿以及用教会物资对孤寡信徒进行救助。除此之外,辅祭还要协助主教和神甫在教堂里主持圣事,但不能独立主持圣事(洗礼除外)。礼拜时,辅祭要备好圣器,诵念祈求上帝的长祷词等。

辅祭长

Протодиакон

又称大辅祭,白神品神职人员,辅祭之长,在主教区担任主要辅祭职务。通常他们身处主教所在教堂,或者荣获过作为奖励的辅祭长称号。

敷圣油仪式
Елеосвящение

这一仪式是东正教为病人和即将死去的人举行的圣事。通常由7位神甫或主教集体进行，但也允许由一位神甫来实施。举行这一圣事时，要把预先圣化的橄榄油涂抹在人的前额、面颊、嘴唇、手和前胸等部位，成十字形涂抹，并且要伴随着祈祷。橄榄油圣化的仪典令人想到充满炽爱的六翼天使，这说明经过圣化的橄榄油充满了上帝赐予的精神力量，它会使人从罪中净化出来并获得肉体的康复。

感恩礼
Евхаристический канон

事奉圣礼中的神圣祭献部分。圣礼开始时，神甫高声诵念："我们的上帝耶稣基督的恩典就要降临，让我们热爱上帝和父，领受圣灵，愿它与你们所有的人同在。"感恩礼的祈祷词由神甫或主教等以教会的名义诵念。这些祈祷词诵读给圣父，表达对圣父救赎世界的意愿的感谢，同时感谢基督为人类赎罪所做的牺牲，感谢感恩礼圣事的确立，呼唤圣灵降至人间并献上圣祭品。在当代东正教会中，事奉圣礼中采用的是金口约翰和大瓦西里的圣典感恩经，祈祷词有所差异，大瓦西里的感恩礼仪式时间更长一些。

革出教门
Анафема

由教会当局做出的革除教徒教籍的正式决定。理由是教徒有异教信仰、分裂教会的行为或犯有严重违背上帝旨意的罪行又不肯悔改。这一规定是451年由普世查尔西顿大公会议做出的。东正教会革出教门的仪式在正教胜利日（大斋期的第一个礼拜天）举行。

革新教派
Обновленчество

1922年，俄罗斯东正教会发生了神职人员和平信徒反对东正教的改革运动。其产生的原因是俄国东正教意识和教会生活的危机，这种危机由于革命的形势而不断深化。革新教派产生的精神前提是：一部分神职人员和亲近教会的知识分子脱离了东正教传统,用"新宗教意识"杜撰出来的思想偷换真正的教会宇宙观,诸如著名宗教哲学家B.C.索洛维约夫及其追随者;还有一些宗教改革家对苏维埃政权持奉公守法的态度,不想违背新政权的人文精神。在这种新形势下,革新教派切盼同布尔什维克国家建立起政治联盟,以"新教会"的姿态进入新社会政治体系之中。刚一出现,革新教派就有五花八门的派别,其中最大的是"新生教会"。它们之所以联结在一起,是因为都对俄罗斯东正教会持否定态度。在革新教派的诸多首领中,最著名且最具代表性的是亚历山大·伊万诺维奇·韦坚斯基(1889—1946),他是一位对东正教怀有激进改革思想的神甫。十月革命前,他是Д.C.梅列日科夫斯基和3.H.吉皮乌斯的"新基督教徒"沙龙的常客,十月革命后转变成建立"苏维埃教会"的热烈支持者,被革新教派提升为"都主教"。依照新生教会会议于1922年5月通过的纲领,革新教派试图完全推翻东正教信仰的教义基础,其中包括:在上帝创造世界的观念中加入"自然生产力参与了创造世界"的思想,这是一种自然科学的思想;用纯道德的观念来诠释末日审判、天堂和地狱;否弃了修士生活和对上帝的神秘主义认识之路;使东正教仪典简化和"大众化",贴近当时的社会意识形态;允许白神品神职人员晋升为主教职务等。在俄国教会纷争中起不良作用的是君士坦丁堡牧首区和亚历山大及耶路撒冷牧首区,它们承认革新教派的"主教公会",直到20世纪30年代末都保持着与革新教派的联系,将其活动家视为俄罗斯教会的代表者。然而,革新教派运动的非东正教纲领遭到了广大信众的拒斥。在卫国战争开始以后,许多革新教派的人员都回归到俄罗斯东正教会中。

国家-教会关系
Государственно-церковные отношения

这里所说的"国家-教会关系",是指历史上形成并不断变化的国家制度与宗教组织之间相互关系形式的总和。国家-教会关系形成的基础,是关于教会在社会生活中地位和作用的法规及传统观念;同时,国家-教会关系在很大程度上还取决于这一社会特有的文明和主导的生活方式。在俄国漫长的历史过程中,国家-教会关系始终与传统的法律相一致,宗教被纳入到国家制度的体系之中,其职能实际上是履行国家活动规则并维护政权的合法化。随着俄国社会世俗化倾向的增强和法律制度的发展,国家-教会关系进入法律协调的领域,由法律规定国家-教会关系的社会政治和组织原则,以及教会所从事的慈善、文化教育

和其他活动规范。

在俄国历史上,大致有4种国家-教会关系的模式:教权主义模式、自由主义模式、保护主义模式和无神论模式。所谓教权主义,是极力主张教会和宗教界在政治和社会文化中起首要作用的观念。教权主义模式在俄国历史上存在的时间最长,从10世纪起一直持续到20世纪初期,经历了3个历史时期:古代、牧首制时期和至圣主教公会时期。这种模式的突出特征是国家与教会机构的联系十分紧密。这种情况在西方历史上也曾存在,但在俄国有其受文明制约的独特之处。在相当长的一段历史时期,教会从事何种活动都由国家严格规定,而西方教会在国家管理体系中始终占有一席重要地位。从10世纪末到16世纪初期,古罗斯教会的建制逐渐形成。国家政权在这一过程中起到了积极的作用。基辅的公们不仅对都主教和主教人选的组成施加影响,而且为教会机构提供物质保障。为满足教会需求,国家从所收贡赋、法庭收入和贸易税收中拨出十分之一供教会使用。12世纪,国家还给教会划拨了土地。国家和教会因经济、政治和思想方面利益的一致性而结成紧密联盟。为了提高公国政治家和教会活动家的威望,教会为他们中的一些人封圣,这一举措圣化了中央权力。与俄国相邻的民族在与其建立政治联盟的同时,也皈依了东正教,接受了俄国传教士的传教活动。大公和公们经常利用高层神职人员做他们的使臣或谈判代表。

在1589年1月召开的东正教会议上,经沙皇费多尔·伊凡诺维奇提名,莫斯科都主教约夫被选为莫斯科和全俄牧首,由此开启了俄罗斯东正教会的牧首制时期。按照宗教会议《法典》的规定,牧首由宗教会议选举产生,但需得到沙皇的最终批准。《法典》中还规定了俄罗斯东正教会完全独立于君士坦丁堡牧首的原则,同时明确指出教会对国家政权的依附关系。

至圣主教公会时期之初,国家-教会关系的教权主义模式与彼得一世的国家管理策略有关。他从欧洲借鉴了国家生活各领域集体管理的模式,决定将其运用到教会管理之中。彼得一世事实上把教会变成了国家官僚机构的一个组成部分，虽然是一个特殊的部分。教会的作用就是完成国家的需要和要求。这位沙皇几乎完全实现了对教会改革的构想。到了尼古拉一世时期，则彻底实现了教会对国家的服从。这种对教会的管理体系一直持续到了1917年，期间只做过些许改动。简言之，在这段历史时期，东正教会的执掌者是沙皇，东正教院事务大臣和至圣主教公会完全在沙皇的管辖之下。

20世纪，国家-教会关系随着政权性质的更迭（君主制国家、资产阶级共和国和苏维埃共和国）而发生了相应的变化，先后形成了亲东正教、信仰多元化和无神论模式。临时政府的活动与国家-教会关系自由主义模式在俄罗斯的确立有关，它规定了宗教信仰自由的原则，并使教会与国家分离。这种决策受到了东正教信徒和其他宗教信众，尤其是旧礼仪派、穆斯林、天主教徒和浸礼派的拥护。苏联时期，国家政权的性质和新意识形态注定了国家-教会关系的无神论模式的形成，其理论基础是"世俗国家"遵行的所有基本原则，诸如：教会与国家和学校相分离；不同宗教态度的公民完全平等；各种宗教和宗教组织在法律面前一律平等，国家对其一视同仁；国家承认公民不仅有信仰某种宗教的权利，而且有不信仰任何宗教的权利；承认宗教组织的非政治性。但实际上，在苏联时期，宗教信仰自由成为了无神论的自由，而所有宗教组织都受到了国家的压制。

苏联解体以后，20世纪90年代初期，俄国恢复了国家-教会关系的自由主义模式，与临时政府时期的情况相似。但是，由于社会上民主派力量的薄弱和统一意识形态的丧失，政权机构不得不在一定程度上采取了对宗教组织的保护主义立场。国家-教会关系的当代模式是国家与正在形成的非宗教社会法规的重要组成部分。当今，在国家-教会关系中占重要地位之一的是隶属于俄罗斯联邦总统的宗教团体协作联盟。在联盟的会议上，各种宗教的代表者

同联邦政府官员一起商讨诸多国家-教会关系的问题,诸如《联邦非商业组织法修改方案》《俄罗斯联邦信仰自由法的修订与补充》等,并且分析各种信仰间协作的可能性前景,以求得俄国社会的团结一致。建构当代俄国国家-教会关系的依据是法律的细则和规范,同时要考虑到俄国特有的一系列客观和主观因素,诸如历史因素、规范的法律因素、意识形态因素与主观因素等。历史因素包括许多世纪以来国家-教会关系各种模式的实践经验,以及对俄罗斯文明特有的国家-教会关系的传统,例如教会完全国家化和教会脱离国家的两种不同传统。规范的法律因素,或称法律依据的作用,是为国家-教会关系的建构找到法规的根据,并定出细则。1997年9月19日颁发的《关于宗教信仰自由和宗教联合的新法律》可以说补充了这一领域法律的缺失，但仍未充分反映出俄国国家-教会关系形式和特点的多样性。意识形态因素也是对形成新型国家-教会关系和新概念产生影响的重要因素之一，其基础是民主主义原则和非宗教社会的准则。目前，俄国的改革在意识形态领域尚不完善，俄国现实社会的政治状况反映出，上层领导的主观因素起着重要作用，如国家领导人对某种宗教信仰持保护主义态度等。类似的做法经常引起民众的强烈不满，它实际上违背了宪法规定的国家与教会分离的原则。

H—J

哈利路亚 *Аллилуйя*
护教学 *Апологетика*
谎言 *Ложь*
婚礼 *Венчание*
魂灵 *Дух*
基督复活 *Воскресение Христово*
基督教 *Христианство*
基督教存在主义 *Экзистенциализм христианский*
基督教的宇宙论 *Космизм христианский*
基督再来 *Второе Пришествие Христово*
基督中心论 *Христоцентризм*
基辅洞窟修道院 *Киево-Печерская лавра*
基辅索菲亚大教堂 *Софийский собор в Киеве*
基特日 *Китеж*
祭品 *Жертва*

祭坛 *Алтарь*
荐度仪轨 *Панихида*
骄傲 *Гордыня / Гордость*
教父的哲学理想 *Святоотеческий идеал философии*
教规 *Канон*
教会 *Церковь*
教会分裂 *Раскол церковный*
教阶 *Иерархия церковная*
教堂 *Храм*
教条 *Догматы*
敬畏上帝 *Страх Божий*
旧礼仪派 *Старообрядчество*
救赎 *Спасение*
救主基督大教堂 *Храм Христа Спасителя*
聚和性 *Соборность*
绝对 *Абсолют*

哈利路亚
Аллилуйя

圣诗和颂歌中的欢呼声,意为"赞美上帝",从旧约时代开始使用,被基督教承袭下来。礼拜时,在祈祷的开始或终结时吟诵。

护教学
Апологетика

护教学是神学的一部分,通过理论论证来捍卫自己信仰的宗教学说。它的内容和形式取决于谁提出了什么样的基督教信仰学说。最早的护教学针对的是基督教所遭受的多神教国家当局的迫害。因此,当时的护教学著作是2世纪初期为罗马皇帝和统治者所写的政论文章,其后出现了反对犹太人和多神教信奉者的护教学论著。在与多神教的斗争中,基督徒就自己被指责为不信神、道德败坏和有害于国家进行了辩解,并且这种辩解逐渐演变成对另一方的指责。护教论者旨在证明:鉴于多神教的诸神并无可崇拜之处,这种崇拜本身就是不道德的,并且它的哲学体系充满了矛盾;只有基督教才包含真理,知晓独一真神,规定了通向救赎的唯一途径——对上帝的事奉。这些思想在德尔图良的《护教篇》中有所体现。基督教战胜了多神教以后，多神教的哲学家皈依了基督教的宗教观念。后来，在整个中世纪的经院哲学时代，大多数护教论者转向了与各种异教学说的论战。

谎 言
Ложь

所谓谎言，是指对真理居心不良的故意歪曲，它并非产生于认识的迷误、错误和怀疑，而是有意识地与真理相抵触。因此，谎言是不道德的。在逻辑上，谎言是能够使人陷入误解的错误结论；而从伦理学角度来看，有一种道德准则允许的"必要的谎言"，诸如为了救人一命，有时不得不发表一个不符合事情真相的声明等，这常常被人们称为"善意的谎言"。大多数有宗教信仰的人不会成为说谎者，因为谎言与宗教是不相容的。人往往由于精神的软弱而开始说谎，所败坏的不仅仅是自己的精神生活，让自己成为不真诚的人，而且是对教规的践踏和对上帝的背叛。

婚 礼
Венчание

婚礼即婚配仪式,是进行婚姻圣事的东正教仪典,它是东正教七件圣事之一,这七件圣事为圣洗、圣膏、忏悔(告解)、圣餐(圣体血)、神(圣品)、敷油和婚配。婚礼由白神品司祭(即非修士司祭)来主持,在结婚仪式之后进行。这里所说的结婚仪式,是即将举行婚礼的未婚夫与未婚妻对上帝发出永远忠实于对方誓言的仪式。在结婚仪式上,司祭给未婚夫和未婚妻戴上戒指,意味着二人婚姻关系确立。以前在结婚仪式与婚礼仪式之间往往会相隔一些时间，而现在这两个仪式通常连续举行。继结婚仪式之后，进入婚姻关系的二人手持点燃的蜡烛走进教堂，站到铺在读经台前的一块白垫子上，台上放有十字架和《福音书》。司祭通过询问确定二人对婚姻关系的坚定态度之后，诵念祝福词，并进行长时间的祈祷。然后，司祭一边诵读祝福词，一边给他们戴上象征结婚的华冠。对基督教而言，这种华冠是贞洁和战胜情欲的符号，也是夫妻二人为忠实于美好的夫妻生活在上帝之国获得永久荣耀的象征。戴上华冠以后，司祭为他们诵读三遍秘祷祝文："主啊，我们的上帝，请用您的荣耀和圣洁让他们结合在一起吧！"继而开始诵读《使徒行传》和《福音书》，进行连祷，吟唱"我们的父"的祷词。此后，举行婚礼的二人同饮葡萄酒，司祭引领他们围绕经台走三圈。最后，司祭取下他们头上的华冠，并诵读司祭祈祷词。东正教会允许为第二次、第三次再婚的人举行婚礼仪式，但隆重的程度要降低一些，而且再婚的人要读忏悔祷词，不戴华冠。另外俄罗斯东正教会规定，所有斋期、复活节一周、圣诞节至主显节前夕的节期、十二大宗教节日和礼拜天的前一天以及礼拜三和礼拜五的前夕都不得举行婚礼仪式。

魂 灵
Dух

在东正教中，魂灵有两个涵义：其一，魂灵是个体所固有的理性意志力，这里所说的个体指上帝、天使，抑或是人。依照基督教人类学的观念，魂灵与肉体和灵魂一样，是人本性的品质之一。人作为个体，拥有自我意识、良心、自由意志和创造力，魂灵所表现的就是个人的这些高级特性。在基督教传统中，魂灵、灵魂和肉体的区分始于使徒保罗。保罗认为，魂灵是人本性的非物质部分，它将人与天上世界联系起来。保罗和一些追随他的教父不认为魂灵是灵魂的另一种本体，而将其视为人统一精神性的至高方面，是能够接近神赐的灵魂的顶点。其二，魂灵是上天存在的天使或恶魔的称谓。承认善、恶魂灵存在的现实性、它们对人的影响和区分它们的必要性是东正教传统最重要的方面之一。

基督复活
Воскресение Христово

又称复活节，是基督教最伟大的历史事件，也是东正教最主要的节日。《圣经·福音书》中对这一事件做了记载。在主受难的礼拜五，救主被钉上十字架死去，之后他的圣体被人们从十字架上取下来。他的两个秘密门徒——亚利马太的约瑟和尼哥底母把基督耶稣的圣体放到了亚利马太为自己准备的墓穴的棺木中，并用一块巨石挡住墓穴入口。即使耶稣已经死去，他的反对者们依然十分害怕他，得到本丢·比拉多允准之后，他们在墓穴旁安置了看守，还在石头上打了印迹。第二天夜里发生了地震，从天而来的天使移开了墓穴门口的巨石。这个天使像一道闪电，身着洁净如雪的白衣，站岗的士兵见到此景吓得半死。天刚蒙蒙亮，救主的门徒发现，耶稣的棺木是空的，救主已经不在了。这里有两位身穿雪白衣服的少年告诉他们，他们的老师复活了。至于救主复活的具体过程，《福音书》中并无详细的描述，但对于耶稣复活以后怎样同他的门徒交往、他在尘世的40天等却有记述。并且，使徒保罗指出，

耶稣复活后还"显给五百多兄弟看"(《哥林多前书》,第15章,第6节)。

第一次普世大公会议曾通过一项决定:在春分和满月后的第一个礼拜日过复活节,俄语称"Пасха",以使东正教的这一最为重大的节日永远不会与犹太教的复活节相重合。复活节的日期是不固定的,每年都不相同,这种节期日历的动态变化表明了时间的救赎意义,即它不被限制在某种没有出路的循环中,而是有意引向所有人的更新和圣化。基督复活是东正教信仰的基础,是教会教义学说的试金石,是每个人死后命运的完美楷模。由于基督牺牲自己的生命为人类赎罪,人才能获得不受物质规律限制的永不腐朽的生命。复活节的宗教神秘内容在东正教会中得到了最为完善的保存。耶稣复活的神迹是基督的神格的证明,也是基督教学说的神性来源。

基督教
Христианство

基督教为世界三大宗教之一,其基本教义是对三位一体的上帝——圣父、圣子和圣灵的信仰,以及对耶稣基督作为圣子的神性和世界与人的拯救者的信仰。从宗教思想体系而论,基督教为近东—地中海—欧洲发展模式。基督教信徒团体最早出现在1世纪中期的巴勒斯坦,继而在散居在地中海一带的犹太人(即希伯来人)之间发展开来。基督教的基础是《圣经·新约》,它传授的是耶稣基督的教义。耶稣基督的门徒及其追随者在许多民族中传播了这一教义。构成基督教教义的主要观念包括上帝的三位一体、人作为上帝造物的绝对价值、灵魂不灭与复活等。4世纪初以前基督教曾受到持多神教信仰的罗马帝国当局的残酷迫害,后来,由于君士坦丁大帝及其母亲叶莲娜改信基督教,信仰才得以公开化。1054年基督教分裂成以君士坦丁堡为中心的东正教和以罗马为中心的西方天主教。从988年起基督教成为古罗斯的国教,是时,弗拉基米尔大公下令基辅人接受基督教的洗礼。9世纪圣徒基里尔和梅福季将《福音书》《使徒行传》《诗

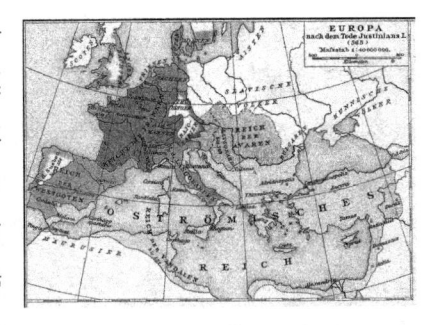

篇》等译成了斯拉夫语，极大地促进了基督教在古罗斯的传播。由于俄罗斯人极富宗教神秘主义灵感，信仰十分虔诚，俄罗斯逐渐成为东正教大国。基督教在分裂成天主教和东正教以后，16世纪在宗教改革过程中从天主教又分裂出一个教派——基督新教，而基督新教又分成了3个主要教派：福音派（路德派）、改革宗（加尔文派）和英国圣公会派。此外，还出现了众多大大小小的宗教流派。天主教信仰在罗曼语系国家（罗马尼亚除外）和爱尔兰牢固地树立起来；东正教在斯拉夫语国家（信奉天主教的波兰、捷克和克罗地亚除外）以及希腊和罗马尼亚确立下来；基督新教则在日耳曼-斯堪的纳维亚国家（信奉天主教的奥地利和巴伐利亚除外）传播开来。在发现新大陆以后，基督教的传教活动大为发展。由于美国的推动作用，基督新教在美洲的传播范围迅速扩大；天主教在拉丁美洲国家和加拿大的影响下不断扩大影响；1957年在中国北京成立了中国东正教自主教会。东正教还进入了日本，在那里得到了一定范围的传播。

基督教存在主义
Экзистенциализм христианский

所谓基督教存在主义，是把存在与信仰联系起来的存在主义哲学，其代表者为德国哲学家K.雅斯贝斯、法国思想家G.马赛尔和俄国宗教哲学家H.A.别尔嘉耶夫。前两者的宗教哲学观属于天主教教派。基督教存在主义产生的基础是人对面临的严峻生活环境的生存体验。基于这种生存体验，人们对生、死等人存在的根本问题开始进行认真的终极思考，凭借信仰得出了结论：人要想摆脱虚无、孤寂和死亡的威胁，只能靠对耶稣基督的虔诚信仰，唯有此才能看到人生和世界存在的真正意义。别尔嘉耶夫认为，存在主义哲学只能是对上帝、世界和人在人存在的深层主观性上的认识，而不是思想的客观实在性体现。存在主义哲学的范畴和直觉是建构基督教理论的基础，它强调，在基督教中必须保持个人选择的自由，必须借助于"信心的飞跃"求助于耶稣基督，这样才会对人的整个存在发生重要作用。

基督教宇宙论

Космизм христианский

基督教宇宙论的奠基人是圣使徒约翰和保罗，后在教父学和俄罗斯的宗教哲学中得到阐发。这一学说认为人的使命和存在的意义完全相称。基督教宇宙论的基本思想为：

第一，人不是通过宇宙而获得救赎，而是宇宙本身需要获救，基督牺牲了自己来实现人类及整个世界的救赎。第二，伊甸园在上帝的旨意中是宇宙的原型，它没有受到黑暗的遮盖，没有被魔鬼所侵蚀，整个自然都应如此。上帝正是为了实现这一宗旨而创造了人。人因罪堕落是宇宙与上帝疏离以及人与世界发生冲突的原因，而基督道成肉身"消除了上帝与世界之间的深渊，去除了地上的诅咒"（E.H.特鲁别茨科伊）。第三，世界现在的状态是过渡性的，世上的生活是"叹息和劳苦"（《罗马书》，第8章，第22节）；将进入未来生活的一切日臻成熟，正在做着在地上战胜混乱、恶和死亡的力量的准备；受造物在世界的现实美中展现出来的一切"荣耀"得到了揭示。第四，基督教以自己对受造物的爱向其揭示出人身上和通过人对永恒生命的共同继承。第五，末世的更新意味着圣灵和圣言遵照上帝"新天新地"的旨意对世界的根本改变。第六，宇宙的中心是天上的敬拜，它在可见世界及其时间之上举行（《启示录》，第4—5章）。在圣大瓦西里那里，所有受造物都依照万物的道赞颂造物主的荣耀。

基督再来
Второе Пришествие Христово

基督再来又称基督复临，耶稣基督不止一次说他将再次来到人间（《马太福音》，第16章，第27节；第24章，第27节；第25章，第31节；《马可福音》，第8章，第38节），使徒们也清楚地进行了这样的教诲（《约翰一书》，第2章，第28节；《哥林多前书》，第4章，第5节等）。正因如此，它是教会所有时代的共同信念，并且纳入古代几乎所有的信经之中。圣书中清楚地指出，基督的再次降临是以可见的肉身出现，而不是如一些纯理性主义者所说的那样，以非同寻常的不可见的方式来到教会。依照耶稣基督的学说，他要驾着天上的云降临，所有人都能看见（《马太福音》，第24章，第30节等），正如他在门徒面前升天一样，大家都将亲眼看到（《使徒行传》，第1章，第11节）。耶稣基督的第二次降临是荣耀的，他不是作为人子，而是第一次作为真神上帝的儿子（圣子）降临人世，被天使簇拥着（《马太福音》，第24章，第30节；第16章，第27节；《马可福音》，第8章，第38节）。这次的降临也是可怕和威严的，因为耶稣基督要对世人进行审判。与此同时，救主和使徒不仅没

有指出耶稣第二次降临的时日，而且说人不可能知道这一点（《马太福音》，第24章，第36节；《使徒行传》，第1章，第6—7节，第2章等）。到了那一天，耶稣基督要以上帝的力量和荣耀对活着和死去的所有人进行最后的审判。耶稣基督再次降临人世是信经中的重要教条。

基督中心论
Христоцентризм

基督中心论是宗教哲学思想中的一种观念，把基督视为既是宇宙和历史的中心，又是存在的本体论基础的中心，即在基督的身上，上帝和人、天上世界和地上世界结成了一体。依照这一理念，我们只能通过耶稣基督来认识上帝，认识自己。没有耶稣基督，我们既不能认识生命，也不能认识死亡。只知道无耶稣基督的上帝是无益的，尽管有人持有这种认识。

卡尔·巴特宣扬激进的基督中心论，认为上帝的形象基本上是以基督一生的经历展现的，基督正是上帝的代言人，但如此展现的上帝仍是三位一体的，圣父的展现是圣子的展现的前驱，以圣灵的展现为其结果。卡尔·巴特号召所有教会毫不妥协地反对想在上帝之外成为道路、真理、生命和称义之门的一切,并且不能将任何其他律法同《福音书》相提并论,也不能将任何其他福音同《福音书》并列在一起。

基辅洞窟修道院
Киево-Печерская лавра

俄国最古老的修道院之一,建立于1051年智者雅罗斯拉夫统治时期。洞窟修道院修建在第聂伯河河岸高处的洞穴中,并因此得名。修道院内有修士静修室和地下教堂。修道院里的修士死去时会在这里举行安葬仪式。后来,又增建了地上建筑。洞穴中长眠着圣安东尼和费奥多西的圣髑,他们是洞窟修道院的奠基人和教父;这里还安放着伊里亚·穆罗梅茨、编年史家涅斯托尔等圣徒和许多其他俄罗斯圣徒的圣尸。

基辅洞窟修道院是古罗斯第一座男修道院,最早的院长为圣徒安东尼和费奥多西。修道院中先后修建了圣母安息大教堂、圣三一教堂等。修道院自建立之初,便成为基辅罗斯的宗教和文化中心,这里曾经生活过许多圣徒、教会作家、学者、建筑师和圣像画师等。就是在这里,圣

涅斯托尔撰写了《古史纪年》和一些圣徒传记。1595年在这座修道院里建成了出版宗教书籍的印刷厂；1632年建立了基辅-莫吉拉学园，它是古罗斯第一所高等学校和17—18世纪最大的教育中心。基辅洞窟修道院收藏有大批艺术作品，包括圣像、刺绣、宝石和金属制品等。18世纪中叶形成了结构整齐的修道院建筑群。1926年基辅洞窟修道院被关闭，1942—1961年间重新恢复了宗教活动。在纪念古罗斯接受基督教洗礼1000年（1988）时，修道院的一部分转交给了俄罗斯东正教会。目前，修道院的掌管者是承担都主教职位的修道院院长，即乌克兰东正教会的执掌者。现在乌克兰东正教会受莫斯科牧首区管辖。

基辅索菲亚大教堂
Софийский собор в Киеве

　　古罗斯最著名的建筑古迹之一,在整个基督教世界享有盛名。基辅索菲亚大教堂是古罗斯最主要的教会和社会活动场所,公的登基仪式在这里举行。这座教堂由弗拉基米尔一世的儿子智者雅罗斯拉夫所建,于 1037 年奠基。教堂的建筑设计采用的是 11 世纪的统一模式,只有北部的塔楼除外。这座教堂为 5 中堂、13 圆顶砖石结构。教堂正中央的圆顶坐落在镶有 12 个窗户的屋顶上,周围有 4 个小一些的圆顶,它们环绕着中央的空间和主祭坛,而侧面最小的 8 个圆顶围抱着侧面的空间和大楼台。索菲亚大教堂内的装潢和陈设恢弘而绚丽，祭坛的烛光十分辉煌，中央圆顶下饰有马赛克，教堂内壁布满壁画，地面铺着马赛克或石板，围绕祭坛的格栅精美异常。整座教堂令人感到十分宏伟、庄严而辉煌。遗憾的是，17 世纪，基辅索菲亚大教堂被改建，变成了所谓的"乌克兰巴洛克"风格，其结果是致使教堂失去了金字塔形的特征。

基特日
Китеж

传说中的一座城市，古罗斯以它的神奇命运编写了一整套的故事和传说。17—18 世纪这些口头传说形成了用文字书写的手稿。其中有一种传说是：格奥尔基大公在弗拉基米尔村附近的斯维特洛雅尔湖上（如今的下诺夫哥罗德州沃斯克列先斯基区）修建了大基特日城。城里建起了三座教堂——举荣圣架节教堂，圣母安息教堂和圣母领报教堂。相传，大基特日城成立于 1167 年 9 月 30 日，一直存在到拔都入侵古罗斯之时。当拔都的军队靠近大基特日城时，在众多居民的祈祷下，这座城市突然隐没了。据说，直至基督再来之前，它都会处于这种不可见的状态。对此有三种不同的说法：城市被大地遮盖了；城市消失在斯维特洛雅尔湖中；城市依旧在原处，而人们由于自己的罪看不见它。在民间的意识中，牢固地传承着一种思想——这座不可见城市的居民只要不断地祈祷上帝，就能在精神上庇护俄罗斯的土地，基特日城的隐秘祈祷生活只向无罪、热爱上帝和身边的人及苦行灵修的人显现。正因如此，去斯维特洛雅尔湖岸成了俄罗斯人朝圣的传统形式，圣湖的岸边成为人们精神上靠近另一个世界的地方。这一传说尤其在旧礼仪派教徒中流传甚广，《隐秘的基特日城的故事》（1713）这部作品中体现了他们按自己方式所做的思考。

祭 品
Жертва

广义上是指给上帝的献礼，以表明人的能力是有限的，因此需要上帝的帮助。依照东正教信仰，耶稣基督在各各他为替所有人赎罪，自己做了祭品，这使其他的祭祀都成为多余的，必要的只有素祭——圣餐礼，它是救主的戒命。圣餐礼直接与基督在各各他的献祭相关，具有同样的救赎意义，但与它不同的是没有流血、痛苦和死亡，因为这些献祭是在耶稣基督复活以后，为了纪念他的献祭。与此同时,信徒给上帝奉献祭品也是为了对上帝的恩典表示感谢。除基督教外,从远古时代起,许多多神教都有祭品,而且常常是血腥的。献祭都要通过复杂的仪式。

祭 坛
Алтарь

最初为古代祭祀用的石头高台。在基督教诞生初期为一张大桌子,供举行晚间的爱宴使用。在后来的基督教教堂中,成为感恩献祭的祭台,也是安葬圣徒和殉教者的地方。祭坛位于教堂东部,其中设有祭台、供桌、主教或神甫的讲坛。祭坛起初就是一个祭台,后来教堂整个东部独立出来,用圣像屏将其与教堂其他部分隔开,这个独立的地方就被称为祭坛。将祭坛与教堂其他空间隔开是为了体现祭坛的象征意义:这是宇宙的神圣空间,是天上的世界。在东正教中,祭坛是教堂东部最主要的部分,救主在这里开始布道,忍受了极大的痛苦,被钉死在十字架上,尔后复活并升天。正因如此,祭坛的门不能随便进入。古代所有平信徒都不能入内,至今女人仍不能进入。

荐度仪轨
Панихида

追思亡人的礼仪,即为死者进行祈祷。荐度仪轨是一种圣仪,应信仰者的请求而举行,日期由教会决定。

骄 傲
Гордыня / Гордость

依照《圣经》的行为准则,骄傲是指狂妄地奢求与上帝的平等,它是一切恶的根源和精神毁灭的开始。然而,这种骄傲多半不以公开反对上帝的形式表现出来,而是不愿接受上帝安排的生活困境,拒绝背负为上帝和身边的人尽责的十字架。依照东正教的修道观念,骄傲的表现是以自我为中心,将自己置于上帝和世界的对立面,不能接受上帝的恩典,是所有罪恶的来源,是人靠近上帝之路上的主要敌人。骄傲诱惑人相信自己的力量和自由,但这其实是虚假的感觉。骄傲令人盲目自大,对人有致命的危害。只有当人的精神真正谦卑时,才能在上帝恩典的帮助下战胜骄傲。骄傲的产生与人不善于接受上帝的恩典相关。骄傲的人不能深刻地意识到自己的不完美,也不善于忏悔,不能通过祈祷求得上帝的帮助。他的意识被自尊心和自高自大所封闭,因此,他把自己与上帝的拯救力量隔绝开来,灵魂不能获得救赎。

教父的哲学理想
Святоотеческий идеал философии

教父的哲学理想体现的是教义学思维与希腊基督教思想在教父学中的统一,其主要特点为:第一,哲学的任务是在为至高真理的斗争中实现福音理想;第二,承认人理性的超尘世来源,它必须通过对圣智的知觉和认识才能得到充满神恩的展现;第三,通过理性对上帝、世界和人相统一的问题有整体性的领悟;第四,理性、内省和禁欲美德相结合;第五,对上帝的认识和思考是通向神人合一之路;第六,向善是对上帝的真正思考的条件;第七,在对上帝的认识中肯定神学和否定神学要作为思考上帝的准则结合起来,承认上帝就力量而不是就本质而言是可以领悟的;第八,逻各斯是自然规律的来源和支柱;第九,认识世界的象征主义现实主义,即物能够证明比自身更多的东西,它们参与至高存在;第十,理性在人心灵中的主宰作用是成为一个真正理性的人,这意味着向上帝祈祷时内心应该是自由、道德高尚和美好的；第十一，对上帝的认识和自我意识的内在联系；第十二，在人的救赎中上帝与人要协作；第十三，神化是创造活动追求的至高目标，是东正教的宗教人类学理想；第十四，人在宇宙中的使命是通过人最终实现世界的改变；第十五，向非宗教文化和哲学开放，文化视野应十分广阔，为建设基督教文化而善于吸取外在文化和科学成果。

教 规

Канон

又称教会法典，这一术语有3个含义：其一，基督教的一整套圣书，包括《旧约》《新约》、教会认定的启示著作、先知和使徒的原著以及信仰的准则等；其二，宗教和礼仪规则汇集，包括信仰的学说、礼仪、东正教生活的道德基础、被教会定为律法的教会艺术形式；其三，东正教仪典圣歌的形式，即为纪念某个节日或圣者所唱的多诗节圣歌所做的规定。

教 会
Церковь

在希腊语中,"教会"一词的原义为上帝的殿宇,或聚会;在俄语俗语中意为基督教的教堂。在东正教神学中,教会的概念复杂且多义。首先,教会是指上帝建立的基督教信仰者的团体,它的宗旨是获得救赎,其基础是对圣书和圣传的崇仰。信众经圣事联结在一起,受圣灵恩赐的影响,由以基督耶稣为首的神职人员来引领。在神学的神秘主义理解中,教会是基督的身体和圣灵的"圣器"。在这个意义上,教会的概念所指的是它的不可见方面,不仅包括生活在世上的人,而且包括已进入天国的人、天使的世界、上帝的力量和因素。教会在这里展现的是把每一个人与上帝联系在一起的神人精神肉体的整体,它以超时空的方式将人的个性联结起来。教会的所有成员都是它的组成部分,正是在教会中形成了基督中的统一的人。教会中所实行的是聚和性原则,每一个基督教信徒按其独有的精神个性都是一个独立自主的整体,是内在独一无二的个人,同教会处在自由的精神联系之中。而教会的整体的完满不是由其成员数量决定的,而在于众多的有机和生动的统一,基督教神学将其与圣三位一体的形象联系在一起。

关于圣三位一体上帝的教义是东正教传道最重要的基础，依据这一教义，教会是存在更新和神化的地方。教会形成于圣子来到世上以后，在五旬节这一天，圣灵降临到使徒中间，由此奠定了教会存在的基础。教会以其完满的宗教精神和在地上的现实存在开始了它的活动。这一天在耶路撒冷接受洗礼的大约有3 000人。此后，在罗马帝国的领土上及境外的一些国家都开始出现了教会。在希腊语中，基督徒宗教信仰一致性的本来意义与家和家庭的概念密切相关，所反映的不仅是单个基督教团体的内在统一，而且还体现出它与整个基督教世界人类的灵魂深处的联合。作为普世教会的东正教，在历史上和教规上是极其神秘主义的、精神的和非形式的，它不仅意味着围绕一个祭台的教会组织的统一，而且表明忠实于同一宗教传统的多个地区教会的有机统一。每一个自主教会都有自己充满恩典的生活，通过圣餐礼和其他圣事而获得。因此，东正教多个地区教会的存在并不违背教会统一的教规。按照信经的定义，教会是"独一神圣大公使徒的教会"（《尼西亚-君士坦丁堡信经》第9条）。由此可以看出，当前教会与最初教会在原则上的统一和所有东正教团体的协同一致。从古至今，东正教会的使命就是在世界上确立基督教的神圣性，引领生活在世上的受造物逐步实现改观。教会在世界上的神秘主义活动是宇宙的精神救赎力量，它在历史中产生并得到发展，在这一方面可以说是被救赎世界的原型。

教会分裂
Раскол церковный

俄罗斯东正教会的分裂发生在17世纪中期，指的是教会的旧礼仪派与改革派的决裂。当时的宗教改革由牧首尼康和沙皇阿列克谢·米哈伊洛维奇所倡导。关于教会改革的想法最初产生于皇室，沙皇出于国家需要的考虑，想在俄国对外关系方面采取一系列措施，诸如：占领君士坦丁堡，将其作为俄国沙皇的合法遗产；从土耳其的统治下把信奉东正教的民族解放出来，巩固东正教会的统一；等等。为此，沙皇阿列克谢·米哈伊洛维奇开始思考拜占庭帝国的复兴之路，想用新的希腊模式解决俄国沿袭的古老礼仪的教会改革问题。实际上，俄国应进行宗教改革的问题早在16世纪就已产生，但那时在百条宗教会议（1551年）上提出的主张不是用希腊模式，而是用古罗斯从古代拜占庭接受的礼仪来进行改革。17世纪形势发生了变化，1652年7月25日，一个强有力的铁腕人物尼康就任俄罗斯东正教会的牧首。他在宗教改革方面的意向与沙皇达成了一致。1653年大斋期前夕，在没有召开宗教会议的情况下,尼康将"用三指取代两指画十字"的指示文件发送到了莫斯科所有教会。尼康这种对教会旧礼仪的莫名篡改惊扰了俄罗斯东正教会的所有信徒,因为如何用手指画十字在百条会议的文件中有明确规定:"凡不如同基督那样用两个手指画十字的人应受诅咒。"新牧首的这项决定引起

牧首尼康

了俄罗斯信众的强烈反对。在俄罗斯,教会生活礼仪是基督教信仰者为自己打开宗教绝对真理的钥匙。俄国著名旧礼仪派教徒和作家 B.Π.里亚普申斯基说,俄罗斯人全身心地投入到礼拜仪式中:当他在行礼时把腰弯到地面、用手指去画十字时,"他对礼仪兴高采烈",深为自己的肉体也参与到祈祷和信仰基督、上帝与人而高兴。尼康的行为还动摇了人民大众中根深蒂固的礼仪成德的观念。他所进行的改革涉及原有俄罗斯东正教礼仪的所有方面,除用两指画十字以外,还改造并简化了向耶稣的祈祷仪式、受洗和婚礼仪式、安葬仪式等,甚至改变了神圣的大祭仪式。

1655年,正教胜利日周在圣母安息大教堂举行礼拜仪式,沙皇和显贵们均都出席,牧首圣大马卡里和塞尔维亚

的加夫里尔郑重地诅咒了莫斯科所有用两指画十字的人，而当时俄罗斯全体人民都在沿用两指画十字的做法。一些与信众关系密切的司祭也起来为维护旧教会礼仪而斗争，诸如大司祭阿瓦库姆、伊凡·涅罗诺夫、洛金、丹尼尔以及主教保罗·科洛缅斯基等，他们均遭到了迫害。1658年，尼康与沙皇的关系破裂，专断的牧首躲进了自己的府邸——新耶路撒冷。他虽然并没有放弃自己的教职，但实际上已不再去管理教会事务。在他缺席8年的教会生活中，旧礼仪派与改革派的斗争更加尖锐。旧礼仪派的热心斗士阿瓦库姆被希望和解的沙皇从流放中释放出来，但他依旧断然拒绝接受改革，因此被再次逐出莫斯科。此时俄国的一些地方开始了反对教会和沙皇政府的民众起义。为彻底解决

教会生活问题，1666年在莫斯科召开了教会会议，出席会议的30位主教中有14位是外国人，其中还有极端的冒险主义者。会议的第一次大会上废黜了牧首尼康，选举了新牧首，谴责了旧礼仪派教徒，并将其视为异端。会上还批准了修改后的礼仪书及一系列新礼仪，诸如用三指画十字，将耶稣的写法由原来的一个"и"（Исус）改为两个"и"（Иисус），将"哈利路亚"的吟唱由2遍改为3遍，对信经也做了部分修改。阿瓦库姆和他的支持者被流放到普斯托泽尔斯克，他的战友叶皮凡尼修士和拉扎尔神甫被割掉了舌头。

从神学观点而论，教会分裂似乎并没有动摇古罗斯东正教传统的基础，因为没有涉及教义问题本身；但它对俄罗斯人的宗教自我意识造成了严重打击，割裂了人民生活与教会生活间的有机统一。新旧礼仪的混乱及其明显的潜在斗争破坏了原有的宗教基础，将人们的注意力从俄罗斯基督教发展的重要宗教精神和道德问题引向了纯礼仪方面，使教区生活变得死气沉沉。由于教会分裂对俄罗斯东正教和国家命运及整个俄国文化具有极大的影响，研究者对这一问题有些望而却步，因此这一问题的实质在教会历史和哲学文献中长时间没有得到全面的研究和认识。革命前，俄国官方教会的观点是把旧礼仪派视为异端、非东正教运动,这种观点阻碍了对教会分裂的客观研究。从牧首尼康时期直至19世纪下半期的主要说法是:古罗斯的抄写者在抄写礼拜用书时犯了不少错误,歪曲了文本,致使俄国礼仪规定沿袭了这些错误,因此必须对礼仪书进行修改。而研究教会分裂的历史学家认为,上述那些错误之所以会产生只是因为彼得一世以前的古罗斯教育水平不够高,科学和教会思想贫乏,而教会分裂的发生最终是因为教民对礼仪的信仰,这种信仰在俄罗斯东正教中有很深的根源。

第一位教会史学家Н.Ф.卡普捷列夫则从另一个角度来看待教会分裂这一事件,他发现了考虑不周全的尼康改革的悲剧性后果,对认为旧礼仪"不正确"的理论持怀疑态度。他在《作为宗教改革家的牧首尼康》(1887)一书中论证:恰恰相反,俄罗斯的东正教礼仪保存了一系列古代拜占庭的礼仪形式,其中包括用两指画十字。而这些礼仪在12—13世纪已被希腊人改变过。所以,事实上,不是俄罗斯人,而是希腊人背离了教会的规章。至于对旧俄罗斯礼仪书的修改,是以西方出版的新希腊礼仪书为典范,而那些改版工都是基辅有学识的修士,深受天主教经院神学的影响,其中还有一些在意大利受教育的希腊人。显而易见,这种对礼仪的修改肯定不能巩固东正教的传统,更有可能与之发生直接冲突。如此看来,对于尼康改革的迫切必要性及1666—1667年教会决议正确性的官方说法显然是不客观的。卡普捷列夫的另一部研究教会分裂的著作《牧首尼康和沙皇阿列克西·米哈伊洛维奇》的内容更为翔实。作者认为，教会改革的魁首并非尼康，而是沙皇阿列克西·米哈伊洛维奇和他的忏悔神甫斯特凡·沃尼法季耶夫。这部极有说服力的研究成果引起了至圣主教公会当局的不满，他们下令终止卡普捷列夫在科学院的晋升及其后来的科研工作。1969年俄罗斯侨民史学家C.A.津科夫斯基在慕尼黑发表了《俄国旧礼仪派》一书，沿袭了卡普捷列夫的研究路线。耐人寻味的是，沙皇叶卡捷琳娜二世早在上面两位研究者之前在参政院和政教院就正式发表过对教会分裂问题的看法，她实际上承认旧礼仪派教徒并非分裂者，而是主张延用旧礼仪的东正教信仰者。她采取措施使他们从行政和经济地位不平等的状况下解脱出来。1971年俄罗斯东正教会地区宗教会议取消了17世纪革除旧礼仪派教徒教籍的处罚，恢复了俄罗斯的旧礼仪；而1988年召开的地区教会会议重申了这一决定。这使教会史学家有机会对教会分裂事件从其自身的逻辑进行研究，汲取卡普捷列夫和津科夫斯基的研究成果，从改革的神学根据不足和对教会生活的否定影响方面来重新审视教会分裂事件的方方面面。在2000年8月13日召开的俄罗斯东正教主教公会纪念日会议开幕式上，莫斯科和全俄牧首阿列克西二世指出，17世纪进行的强硬且不合理地推行教会改革的方法应受到斥责。近年来，在俄罗斯东正教会与旧礼仪派的关系改善方面取得了值得肯定的进展，多少世纪以来的不理解和不信任将有望消除。

教 阶
Иерархия церковная

又称圣统，在东正教会中，教阶是三个等级神职的统称：最低一级为辅祭，第二级为司铎（司祭、神甫），最高级为主教。教会的教阶形成于1—4世纪，正是那时确立了授予宗教职务的圣事——授品典礼。东正教神学把教会的教阶理解为由耶稣基督的最高神职而来的神职划分。基督是教会唯一的首领，他是统领天使和地上神职人员的唯一真正的总领司祭。主教、司祭和辅祭都有在尘世保存上帝所赐神秘力量的使命。东正教强调，神职人员教阶的存在不仅是由于神职人员保持了教会的信仰，而且还由于所有教民的坚定信仰。

教 堂
Храм

又称圣殿、上帝的殿宇,是举行礼仪和个人礼拜的殿堂。俄罗斯东正教堂的建筑风格多为拜占庭式和斯拉夫式。拜占庭的教堂为圆顶,体现的是遮盖大地的天空。天主教的哥特式教堂是尖顶,表现出一种不可遏止的向上飞升的渴望。而古罗斯的教堂上方有一个圆球结顶,表现的是对天堂的虔诚激情。教堂上方的圆球结顶犹如火舌,颇像顶端有个十字架的巨大蜡烛,在俄罗斯的天空燃烧着,它似乎沟通了人间和天堂。在阳光朗照的日子里,从远处望去,俄罗斯大地上似乎到处都燃烧着五颜六色的火焰。尤其当这些火焰不断地闪现在一望无际的雪原上时,它们简直就像上帝之城的彼岸幻影在吸引着你,引发出你无限忠诚的激情和献身的热望。(E.H.特鲁别茨科伊)这正是俄罗斯东正教堂圆顶的宗教神学和审美意义。这种

设计引起的宗教情绪和审美感受比西方教堂更加强烈。此外，许多教堂都有钟楼，用以召集信徒参加礼仪。

通常教堂都是为了纪念某一个神圣事件或某一位圣者，其纪念日成为教堂奉献日。依照东正教信仰，教堂是变容宇宙的圣像。它被烛光和灯光辉耀着，充满了圣歌的声音和焚香的香气，使人靠近另一个世界，生动地感觉到灵魂与非受造不可见上帝的联系。东正教教堂按规则一般由三个部分构成：第一部分是圣坛，它象征着处于世界之外的神，因此教堂中的这一部分与教堂的主要部分用圣像壁分隔开；第二部分是教堂的本体，是直接与上帝相联系的世界，已被改变为上帝之国；第三部分是教堂入口处，位于教堂的西侧，离圣坛最远，象征着地上的存在，人们正是从那里开始走向真正的信仰。由此可见，东正教教堂的结构反映了人灵魂精神动态进程的观念——从地上存在的肉体性向上帝之国和与上帝融为一体的转化。东正教神学把这种转化的过程视为精神完善的使命，它使人去效法基督。

教 条
Догматы

也称教义，即基督教教义的基本定义，表明启示真理和信徒必须知道的宗教真理。在东正教中，教条并非理论原则，而是教会实践经验的限度和界限，保护其免受歪曲。东正教的教条巩固了信仰的基本原理，教会将其作为信仰的无可争议、固定不变的普遍性定义来确证。在历经了七次普世大公会议，与异端进行了激烈斗争之后，这些基本定义最终被确立下来。在这七次会议中，有两次格外重要，因为会上确立了信经。不过，对东正教教条的这种归纳没能包含教会的全部信仰，甚至没有涵盖对圣母、圣徒的崇拜，关于圣事的学说、救赎和末世论等重要方面。为避免教会生活经验的形式化，东正教不追求对教义全面系统的定义，而更为重视那些信徒在教会生活中必须遵行的教条。

敬畏上帝
Страх Божий

敬畏上帝是来自于旧约经验的重要东正教观念。在东正教中，敬畏上帝意味着由服从罪恶世界的状态向完全服从上帝的宗教立场的彻底转变。敬畏上帝的人，其灵魂和意识必须具备下述前提条件：其一，要有对上帝和受造万物完全无可比性的直觉，感觉到全能上帝与尘世生活和思想之间的如渊之隔；其二，渴望完全信赖上帝并惧怕违背他的意志；其三，从敬畏上帝的意识出发，无畏地接受尘世生活的一切权威、不愉快和危险。《圣经·旧约》中有一系列关于信徒敬畏上帝的训谕，诸如："敬畏耶和华是智慧的开端，认识至圣者便是聪明"（《箴言》，第9章，第10节）；"凡敬畏耶和华、遵行他道的人，便为有福"（《诗篇》，第128章，第1节）；"敬畏耶和华的，远离恶事"（《箴言》，第16章，第6节）；"敬畏耶和华心存谦卑，就得富有、尊荣、生命为赏"（《箴言》，第22章，第4节）；"敬畏耶和华，就是生命的泉源，可以使人离开死亡的网罗"（《箴言》，第14章，第27节）；等等。

旧礼仪派
Старообрядчество

旧礼仪派是对拒绝接受沙皇阿列克谢·米哈伊洛维奇和牧首尼康的改革、固守古罗斯东正教礼仪的宗教团体的统称。俄罗斯旧礼仪派因此命途多舛。1666—1667年召开的大公会议革除了他们的教籍。由于他们自始至终忠实于俄罗斯古代教会的传统,因此在数百年间一直受到当局的迫害。17世纪末期,旧礼仪派分裂成为两个基本派别:教堂派和反教堂派。教堂派认为旧礼仪派的司祭的神职必需存在,而反教堂派反对司祭存在的必要性。反教堂派宣布,俄罗斯教会的改革中断了使徒的继承性,现在,每一个基督教徒都应该成为司祭。教堂派和反教堂派后来又分裂成多个教派,如"论战派"(толки)与"和解派"(согласия)等。教堂派的最大组织是白克里尼察圣统,它由俄罗斯教堂派移民在奥地利加利西亚的白克里尼察村组建。这个宗教团体主张旧礼仪派建立自己的主教团,并且应具有教会授予教职的权利。成立圣统的支持者倾向于将原来的波斯尼亚-萨拉热窝的都主教阿姆夫罗西与旧礼仪派联合起来,其结果是1846年阿姆夫罗西开始统领旧礼仪派圣统。

旧礼仪派在俄国工商业的发展中起到很大作用,著名的旧礼仪派莫罗佐夫、里亚普申斯基、古奇科夫、索尔达坚科夫、科诺瓦洛夫等家族的业绩在俄国众人皆知,诸如西伯利亚的开发,伏尔加河航运事业的拓展,医院、图书馆、印刷厂和博物馆的建立等。总之,这些大家族在俄国的经济和文化发展中做出了很大贡献。从沙皇亚历山大二世改革时代起,旧礼仪派改变了对沙皇政府的反对立场,取得了合法地位。1905年旧礼仪派开始得到复兴。这个教派在12年间修建了800座教堂,建立了新主教区、修道院、教区和唱诗班学校,在各个城市成立了许多印刷厂,开始出版杂志、日历、带符谱颂调的教堂歌曲集等。1912年莫斯科成立了旧礼仪派神学院。到1917年,旧礼仪派达到了兴旺时期。但因这个教派的大多数人对苏维埃政权持反对态度,因此受到了政府的压制。据1986年的统计,旧礼仪派教会在当时只有5个主教区,由3位主教统领,以及126个堂区,其中有54位司祭和7位辅祭。20世纪80年代末旧礼仪派再度兴起。1988年莫斯科成立了旧礼仪派都主教辖区,选举阿林姆皮大主教为莫斯科和全俄都主教,担任白克里尼察圣统的俄罗斯东正教旧礼仪派教会的主管。直到1996年旧礼仪派已拥有7个主教和40万名教徒。这些信徒认为自己是古代东正教的信仰者,目前居住在保加利亚、美国、加拿大和澳大利亚等国。1971年俄罗斯东正教会地区宗教会议取消了1666—1667年教会革除旧礼仪派教籍的决定。

救 赎
Спасение

救赎是指人从罪和死亡的奴役中解脱出来的过程及所获得的无限幸福的状态。东正教关于救赎的学说指出,对救赎的需求是人类始祖堕落的直接后果,这种堕落使受造世界疏离了上帝,并使上帝所造世界的本性受到歪曲。世界获得了存在的粗陋形式,堕入恶之中。但是,宇宙的这种状态并不符合上帝对它的旨意。救赎的必要性和终极价值不仅在于堕落之人从罪中解脱出来并使灵魂获得净化,而且还在于宇宙的永恒意义。

救主到来的原因正在于人靠自身的力量无法改变其本性因罪而变坏的状态。救主耶稣基督的使命正在于使人类从原罪的重负下解脱出来,为每个人提供获得救赎的可能,只要他表现出对救主的这种愿望,接受耶稣基督为人类救赎所做出的奉献,并通过教会的圣事与救主结成一体。从这个意义上说,教会是神人共同参与的救赎过程。在人们向救赎步步靠近的教会中,基督所拥有的人的自由意志与上帝对世界和人的意志相一致,这导致了人的自由与使人进入天国的神恩救赎的协同作用。总体而论,东正教的救赎的意义可概括性地理解为三个方面:其一,个人的救赎,即每个人的灵魂从罪中获救并成为上帝之子;其二,救赎是引导上帝的子民走向天庭胜利的神圣事情;其三,从宇宙论方面而言,救赎是人类与自然界通过救主基督赎罪的牺牲而获得的拯救。

救主基督大教堂
Храм Христа Спасителя

救主基督大教堂是1839—1883年用民间募集的捐款建造而成,位于莫斯科河岸距克里姆林宫不远的地方。为庆祝1812年卫国战争的胜利,沙皇亚历山大一世为了对

上帝表示感谢，向上帝发誓建造这座教堂。它成为俄国最宏伟的教堂之一，可容纳万余人。建筑师为 К.А.托恩。19世纪最著名的画家和雕塑家都参与了教堂的装潢工作，如 П.К.克洛特、Ф.П.托尔斯泰、В.В.维列夏金、В.М.瓦斯涅佐夫、В.И.苏里科夫和 К.Е.马科夫斯基等。1932年当局下令将这座教堂炸毁。2000年教堂重新得到修复。

聚和性
Соборность

聚和性也称聚议性，是神学和宗教哲学概念，在俄罗斯精神文化中起着异常重要的作用。它与源自希腊的术语"公教会精神"的意思相近。"公教会精神"是指普世教会的统一，它联结了世界上所有的基督教徒，包括生者和死者。这个术语的内涵与东正教对虔教精神忠于教会的态度的理解密切相关，即人类在基督、圣母和圣徒周围充满恩宠的聚和，他们为从精神上改变所有受造物和宇宙而统一起来。在俄罗斯东正教的语境中，聚和性还指现实的精神状态，人与人之间在真理、对上帝的爱和互爱中交往的道德理想。聚和性思想的宗旨是在个人道德因素与集体道德因素之间建立起有机的联系,通过克服无政府主义的个人主义和极权主义的集体主义的极端性,使人们在真理中获得和谐一致。每一位信奉东正教的人都有使命在聚和性的教会中找到自己的位置,用自己的独特精神去丰富它,同时用聚和性的教会精神来补充自己的意识。聚和性作为生活准则的意义正在于用教会的真理之光来充实和丰富每个人的灵魂。俄国著名的宗教哲学家A.C.霍米亚科夫认为,聚和性是教会成员为获取真理和救赎在对上帝和神人基督及其真理的爱中的自由统一。不过,A.C.霍米亚科夫还将聚和性的精神扩及整个俄国社会,认为村社的原则最好地体现了这种聚和性,在工业中也应建立起村社制度,使它成为国家生活的基础。这种对聚和性的非宗教理解受到了一些宗教哲学家和神学家的反对。他们认为,聚和性来自于圣灵,不能将其降低至民族统一、文化传统抑或村社的集体主义,这意味着抹杀其宗教本质,用种族意识偷换聚和性的概念,这是一种"伪聚和性"。而恢复教会生活的真正聚和性基础,就是在精神上复兴俄罗斯的东正教。修士大司祭圣基普里安则强调聚和性的感恩性。

绝 对

Абсолют

这个术语经常用来表示上帝或自然的至高完满存在。从神学思想而论,自然还不是绝对。在古代基督教的理念中,逻各斯即是运行中的绝对。B.C.索洛维约夫辩证地阐述了"绝对"这个概念,认为这个"绝对"是永恒的:既是个别,又是一切;既是具体的存在物和存在,又超乎其上,是上帝,是永恒的基督。它体现着万物无不具有的灵魂和机体的统一,是人能够以直感知觉的那个真正的万物统一,包括逻各斯本身的统一以及索菲亚或者永远处于基督之中的理想完人的统一。在20世纪,有些基督徒对将上帝理解为绝对的理念持批判态度,认为在绝对中找不到任何《圣经》所呈现的活生生上帝的特征,它与任何事物都毫无关系,不爱任何人,所以对它不能寄托任何希望,也不必向它祈祷和求告。不过,还是可以把上帝看作绝对的爱和绝对的智慧,而人是向绝对敞开的生物。

К—Р

喀琅施塔得的圣约翰	Иоанн Кронштадский
克谢尼娅	Ксения Петербургская
肯定神学	Катафатическое богословие
苦行者	Аскет / Подвижник
拉多涅日的圣谢尔盖	Сергий Радонежский
浪子	Блудный сын
礼拜	Богослужение
良心	Совесть
灵魂	Душа
灵魂不灭	Бессмертие души
逻各斯	Логос
弥赛亚	Мессия

弥赛亚说 Мессианизм
魔鬼 Бес
魔鬼论 Демонология
摩西律法 Закон Моисеев
末日审判 Страшный суд
末世论 Эсхатология
"莫斯科——第三罗马" «Москва—третий Рим»
牧首 Патриарх
尼尔·索尔斯基 Нил Сорский
宁静主义 Исихазм
诺夫哥罗德索菲亚大教堂 Софийский собор в Новгороде
普世大公会议 Вселенский собор

喀琅施塔得的圣约翰

Иоанн Кронштадский

喀琅施塔得的圣约翰（本名伊凡·伊利奇·谢尔基耶夫，1829—1908）在俄罗斯是备受崇仰的东正教苦修者、大神甫，被命名为"圣义人"，是近代最著名的显灵者之一，杰出的教会作家和社会活动家。他出生在阿尔汉格尔斯克省皮涅加县苏拉村的贫苦农村辅祭家庭，毕业于阿尔汉格尔斯克宗教学校和圣彼得堡神学院，曾任喀琅施塔得安德烈使徒大教堂的主持司祭之职。沙皇亚历山大三世和尼古拉二世高度评价了约翰的宗教天赋。遵照沙皇尼古拉二世的愿望，喀琅施塔得的圣约翰作为神职人员参加了在冬宫教堂为沙皇夫妇举办的婚礼仪典，1896年5月14日出席了莫斯科克里姆林宫圣母安息大教堂举行的尼古拉二世的加冕礼。全俄罗斯的东正教信徒都十分崇仰和信赖作为预言家和神医的约翰，每天都有成千上万的人来到喀琅施塔得，渴望得到他的帮助。约翰自己过着禁欲的生活，每天却用大笔捐款去接济穷人，供给他们饮食，在喀琅施塔得创建了"勤劳之家"，同时设立了附属学校、教堂、作坊和孤儿院等，还在他的故乡修建了一座修道院和一座石头大教堂。他在圣彼得堡的卡尔波夫卡河的河岸上建造了一座女修道院，死后就安葬在那里。他有一本记述自己宗教生活的日记《我在基督中的生命》，还有几部训导性著述。喀琅施塔得的圣约翰于1990年被东正教会封为圣徒，他的纪念日是公历1月2日。

克谢尼娅
Ксения Петербургская

彼得堡的克谢尼娅（本名为克谢尼娅·戈利高里耶夫娜·彼得罗娃，生卒年有两种不同的记载：1719—1794或1730—1806）是一位被封圣的圣愚。她26岁时丈夫去世，她把财产分给了穷人，身穿丈夫的衣服，有人叫她丈夫的名字和父名她都答应。从此，她便开始了在彼得堡的义人漂泊生活，做了40多年的圣愚。克谢尼娅富有预见性的智慧、自我牺牲的精神和神奇的医术，这使她在生前就深受东正教信仰者的崇仰。谢世以后，她被安葬在圣彼得堡的斯摩棱斯克墓地。为了纪念这位圣愚，人们在她的墓地上修筑了一个由建筑师Ａ.弗谢斯拉文设计的钟楼（1902），在那里定期举行祈祷仪式。至今人们依然会聚集在克谢尼娅的墓边，祈求她施恩和治病，或者对她表示谢意。据传说，克谢尼娅在离世以后依然会施神迹和治病。

1988年俄罗斯东正教会为克谢尼娅封圣,她的纪念日为公历2月6日。

肯定神学
Катафатическое богословие

这个概念与"否定神学"相对。肯定神学是通过肯定的属性与特征来描绘上帝。依照肯定神学的观念,上帝按其本质是不可认识的,但他会在世界上的行为中显示自己,或者在古代基督教思想的术语中得到显现。他的力量是能够被感知的。肯定神学认为,世界上所有肯定的东西都源自于上帝,上帝拥有最高意义的肯定内容,因此对上帝的描绘总是用肯定的术语,给他的称呼都与他在世界上的显现相一致。不可认识的上帝的神秘在肯定神学中成为超强圣光闪耀的光源,这圣光会照亮一切。上帝的至高名称为善、美、爱、光、生命、圣智和万有等。

苦行者
Аскет / Подвижник

又称苦行修士,指苦行者或克修者,是早期基督教的严格守斋者和祈祷者。他们不像后来的修士,并不立约言,但却严守斋戒和祈祷的戒律,有时不参与教堂礼仪的服务。基督教中最早的苦行者包括施洗圣约翰、女先知安娜等。苦行者还经常做善事,不屑于尘世生活的习俗,把自己完全献给事奉上帝和穷苦人的事业。在早期基督教会中,苦行者虽没有职位,却是信徒中的一个特殊等级,地位要高于一般普通信众。在教会历史上留名的苦修者有卢奇安、巴勒斯坦的圣彼得、帕姆菲尔、谢列夫斯基、尤斯金、埃及的约翰等,还有教父圣大瓦西里、圣约翰·兹拉托乌斯特、亚历山大里亚城牧首大阿法纳西和圣安东尼等。

拉多涅日的圣谢尔盖

Сергий Радонежский

拉多涅日的圣谢尔盖(本名巴多罗买·基里洛维奇,1314—1392)是俄罗斯的大圣徒,是圣三一谢尔盖修道院的建立者和第一任院长(14世纪30年代)。他出生在大罗斯托夫近郊。在父母于拉多涅日城(这座城市现已不存在)去世以后,谢尔盖和斯捷潘兄弟二人决定献身修士生活。他们在距拉多涅日约10俄里处找到一个僻静的地方,在那里建起了住房和教堂。谢尔盖在24岁时削发为修士,而斯捷潘因忍受不了荒野生活的困苦而离去。在新产生的修士团体中，谢尔盖既是厨师、面包师，又是磨粉工和木工，完全不嫌弃任何粗重的工作。修士的人数逐渐增多，在达到10多个人以后，修建了修士静修室。谢尔盖开始承担起修道院院长的职责，他按照基辅洞窟修道院的传统来安排修道院的生活，为修士制订了严格的规章制度。直到14世纪30年代末期，圣三一谢尔盖修道院的基础已经奠定。拉多涅日的圣谢尔盖在神学方面的建树是对圣三位一体的深入思考和宗教阐释。他认为，圣三一大教堂对于他召集到这里来的单独居住的人们如同一面镜子，靠上帝的三位一体属性能够战胜因世界上的分离而产生的恐惧。拉多涅日的圣谢尔盖意识到作为人与人关系至高无上理想的三位一体上帝形象的重要意义，古罗斯正是遵照这个理想来建立自己民族的教会、社会和国家的生活。对这种圣三位一体象征意义的理解，从莫斯科时代起就成为庆祝俄罗斯东正教圣三一主节的依据，在这一方面古罗斯的意识超越了拜占庭。这造成了圣三一谢尔盖修道院在俄罗斯生活中的独特宗教权威。拉多涅日的圣谢尔盖不反对参与莫斯科国家的政治生活，在互相敌对的公之间进行调停，促使他们达成和解。当德米特里·顿斯科伊出征库尔斯克战役时他曾为其祝福。俄罗斯神学界认为，拉多涅日的圣谢尔盖的神学神秘主义和社会活动的重要促成因素是拜占庭的宁静主义。而这位圣者的著作又促进了14世纪末到15世纪俄罗斯文化精神的上升，尤其是对安德烈·鲁布廖夫宗教自省能力的培育起了很大作用。安德烈·鲁布廖夫的独有圣像画《圣三一》反映了拉多涅日的圣谢尔盖的相关神学观。拉多涅日的圣谢尔盖的纪念日为公历7月18日和10月8日。

浪 子
Блудный сын

"浪子"一词源自《路加福音》中耶稣讲的一个寓言故事，表明上帝对那些迷途的人和拒绝他的人的爱。故事是这样的：一个人有两个儿子，小儿子向父亲提出要求，要父亲把自己应得的那份财产分给他。父亲满足了他的愿望。小儿子得到这些财产以后，过起奢侈无度的生活，很快将自己的所有财产挥霍一空，落得一贫如洗。无奈之下，他又回去找父亲。他确信父亲不会再认自己这个儿子了，但他可以在父亲的家中做一个仆人。然而，一直深深为他悲伤的父亲见到他时却十分亲切，跑上前去拥抱他，并叫仆人宰牛犊为迎接

他归来准备宴席。大儿子不理解父亲为什么如此欢迎一个任性的小儿子,觉得自己服侍了父亲这么多年,父亲却从来没这样为他庆祝过。父亲说:"你这个兄弟是死而复活、失而复得的,所以,我们理当欢喜快乐。"

"浪子"这个词的意思是挥霍无度的败家子,但这个比喻扩展了这个词的含义,它也指背叛信仰之后又返回教会的人。

礼 拜
Богослужение

礼拜又称礼仪,这里说的礼仪指的是对基督教信仰有决定性意义的礼仪。东正教传统赋予礼仪异常重要的宗教神秘主义意义,这些礼仪在教会的教义学说与其圣礼生活之间确立了极为密切的关系。在古代,宗教礼仪被认为是宗教信仰的祈祷、专门的仪式和祭品的外在表现,但是救主把人向上帝靠近并执行他的律法的个人意识看得高于这种外在的行为。依照东正教在发展中确立下来的神学观念,礼仪是受造世界归附上帝的方法,是受造之人精神提升、圣化和改观的路径。这说明了东正教虔诚信仰的祈祷和教堂仪式的特点。东正教的礼仪由一整套单独的仪式和祷告组成，这些仪式由修士神职人员和平信徒来主持。教会把这些仪式和祷告看作信徒与上帝交流的手段，也是与圣母和圣徒交流的手段，它使基督徒有可能获取上帝的恩赐。这些礼仪包括唱赞美歌、感恩与宽恕、给自己画十字、点燃灯和蜡烛、吻圣像和十字架及唱圣歌等。东正教礼仪分为社会的和个人的：社会的主要是仪式，而个人的主要为圣仪、祷告和追思亡人的礼仪等。礼仪通常在教堂举行，仪式的安排要严格按教会规则进行。

在俄罗斯的东正教会中，礼仪不仅意味着对上帝的崇敬，而且还包括用良好的思想、语言和行为对上帝示好，表明信仰者在忠诚地执行上帝的意志。这些宗教礼仪按一昼夜的时数、一周的天数和整个一年的周期来做全年的安排。一天之内的礼仪周期含有 9 个仪典，其中包括：日落前的礼拜，晚祷，午夜祷告，晨祷，1 点、3 点、6 点和 9 点的时课及其间的事奉圣礼。这种秩序在一些特殊的日子里会有改变，如守夜祈祷、大斋期间的一些天、基督圣诞节和领洗节前夜等。

日落前礼拜的内容是回忆上帝如何创造世界、人的堕落和忏悔，以及他们对救主的盼望和与他相遇的快乐；晚祷在睡觉前进行，主要是对死亡的思考；午夜祷告的内容是回忆耶稣基督在客西马尼园的祈祷；晨祷的内容是关于基督在尘世的生活；1 点的时课是回忆基督被带到本丢·比拉多那里去受审；3 点的时课是回忆关于审判的过程；6 点的时课是回忆基督被钉上十字架；9 点的时课内容是关于耶稣基督的痛苦和死亡。在一昼夜的礼仪周期中，占据中心位置的是事奉礼仪，所有的仪式联结成 3 个礼仪：晚间礼仪、清晨礼仪和白天礼仪。依照古代传统，一昼夜的礼仪从晚上开始。在一周的礼仪周期中，占据中心位置的是礼拜日，而礼仪的题目按下列顺序排列：礼拜一为主的天使日；礼拜二为先知和施洗约翰日；礼拜四是使徒、圣主教，尤其是显行灵迹者尼古拉（利基亚的弥拉城总主教）日；礼拜三和礼拜五为回忆犹大背叛活动和耶稣基督被钉上十字架而死亡的日子；礼拜六为圣母日和已故基督徒追忆日；礼拜日的礼仪是纪念主耶稣基督的复活。这些礼仪以 8 周为一个周期，一年要进行几次，形成年的礼仪周期，其中心是基督复活节。

除上述主要固定的礼仪以外，还有一系列应信徒的请求而进行的宗教仪式，诸如婚礼、洗礼、祈求健康的仪式等。

通过东正教的上述礼仪活动，信徒能够对所获恩典产生感恩之心，并为未来能够得到更多的恩典而加倍虔诚地向上帝祈祷。信徒由此而获取心灵的安宁。更重要的是，东正教信徒通过参与圣礼而实现与上帝的交流，从上帝那里得到过无罪生活的恩典。

良 心

Совесть

通常把良心诠释为人区分善恶的能力，是人内心的声音，它告知我们道德真理、至高的价值和人的尊严。良心作为道德直觉超理性地发生作用："良心与彻底的理性主义不能共存，因为它的精神真实性限制了理性对绝对化的要求，而理性主义的存在是为了追求成为完全彻底的哲学立场。"（Ю. 施莱德尔）在基督教中，良心是为了证明至高真理的恩典。良心是最隐秘、最神圣的，人在良心中与上帝独处，上帝的呼唤回响在他的灵魂深处。法律通过良心在对上帝和身边的人的爱中奇妙地得以执行。常常有人说，良心不会错，但它的作用会受到理性错误、意志的错误倾向、无知、对至高价值的忽视、对尘世的迷恋、自我确证或人心理的不协调等诸多因素的局限和歪曲。良心并非是无罪的，它需要在谦卑、在对上帝和教会及福音的坦诚中得到净化和发展。人应该永远按良心行事，考虑到它有可能是错的，应该努力使良心的呼声中有愈益清楚的从天国传来的声音。如果人一再地违背良心去行动，良心就会变得麻木。良心的呼声也有可能与以教会名义提出的要求发生冲突。在这种情况下，基督徒的义务是听从良心的呼唤，而不是教会的权威。事实证明，一些圣徒这样做了，最终还是有利于教会。

灵 魂
Душа

在东正教的观念中，灵魂是人个体存在的非物质基础，它是上帝直接创造的，因而获得了神的完美：绝对的唯一，拥有精神性、理性、语言的天赋、自由、不死灭、独具一格等特征。人的灵魂与动物的灵魂有根本的不同,因为动物的灵魂就其本性而言与上帝没有直接的关系,也没有灵修能力。东正教认为,每个人的灵魂都有其自身的价值,都与其他人的灵魂不同。依照东正教人类学最根本的观念,灵魂是与肉体有机相联的因素,它充满肉体并赋予其生命。格利高里·帕拉马指出:灵魂包含它与之同时被造的肉体,不是存在于肉体的某一部分,而是充满了它;不是被肉体围裹,而是包含着肉体,赋予它生命。灵魂能够吸取外在的各种精神力量,在其影响下朝向善或恶。教会的所有导师都指出,灵魂是个"开放的系统"。他们教导说,人的内心世界有光明和黑暗两种精神力量:上帝所赐的力量和恶魔的劝诱。上帝所赐力量的特征是平静、安然、纯洁、顺服、心平气和与心灵的和谐,而恶魔劝诱的特征为骚动不安、混乱、私欲、内心摇摆不定和沮丧等。人的天性、意志和思想会在两者的作用下发生动摇。因此,东正教强调每一个教徒必须经常进行精神斗争,使自己的灵魂被圣灵充满,渴求通过灵修的苦行和参与教会的神秘生活达到上述目的。只有使自己的灵魂得到净化、光照和神赐的崇高精神,人才能成为精神的人,战胜动物的本能,抵制魔鬼的诱惑,实现肉体本性的改变。

灵魂不灭
Бессмертие души

从公元前6世纪毕达哥拉斯所处的时代开始直到基督教的诞生，哲学家们一直在探讨灵魂不灭的问题，看法多种多样。柏拉图认为人的灵魂是不朽的，因为它与天庭的理念相接近，而这种理念是不变、永恒和不朽的，灵魂在脱离肉身之后应回归于它。为此，必须具备的条件是无可指摘的美德。康德认为，理性从理论上无法证明或推翻灵魂不朽的理念，而实践的理性要求承认灵魂不朽，因为只有不朽的灵魂才能达到道德完善。基督教信仰证明了人死后的复活和生命的永恒，认为人死后灵魂无肉体的存在是暂时的且不完善的，人对未来世界生命的盼望与对基督战胜死亡的信仰不可分开。与复活了的上帝同在的生命远比脱离尘世肉身而存在的灵魂的意义大得多。但无论是非教会学说中灵魂的不朽，还是基督教信仰的永生，都要求人具有为获得它而不遗余力的献身精神。在这个问题上，盼望比生命更重要。

逻各斯

Логос

又称圣言、圣道。逻各斯在宗教哲学中具有多种意义：其一，在古希腊哲学中逻各斯是词、言语和它的意义结构，以及赋予宇宙意义和存在有序性的完整法则，它还是宇宙理性的原则。其二，1世纪的亚历山大的斐洛依照旧约信仰，高度评价古希腊把逻各斯理解为世界的最高原型并首次把它与《圣经》中的圣言——圣智联系起来。在斐洛的理念中，逻各斯在宇宙之上，可视为"第二个上帝"，是受造物与造物主的媒介。这里的逻各斯具有不止一个意义，既是圣子，又是上帝的至高力量。其三，从基督教的观点而论，"太初有道，道与神同在，道就是神"（《圣经·新约·约翰福音》，第1章，第1节）。这里所说的道即逻各斯。逻各斯成人，以耶稣基督的身份来到人间，创造出世界上的一切存在之物，在地上战胜了罪恶和死亡，统领着所有的受造之物。其四，一些宗教哲学家，如圣尤斯金·费洛索夫和亚历山大的克利缅特，认为逻各斯是人类的导师，是前基督教智慧和基督教哲学的来源。在基督出现以前，"逻各斯的种子"撒满了各地，遍布各个不同民族的文化，在各种学说中取得了丰硕的果实，其中每一种学说都含有某种部分真理。基督教哲学家的任务就在于，依据逻各斯的充分启示，把真理的片断收集起来，建造成基督教智慧的大厦。后来，基督教会的教父们把逻各斯作为圣三位一体的第二个位格，从教义上加以阐释。

弥赛亚
Мессия

弥赛亚来自于希伯来语的"受膏者"这一概念，意思是救主，与基督的意思相同。凡信奉他的人，灵魂必将得救。它与古代犹太教的宗教学说相关联，即在上帝派遣的弥赛亚的庇护下，上帝的选民必将取得全世界的胜利和统治权。使徒们甚至直到圣三一主日确立之前都没能摆脱这种观念。在基督教的范围内，不仅实现了旧约先知关于弥赛亚到来的期望，而且消除了这些期望的犹太教民族性。"弥赛亚"这一概念在这里与神人耶稣基督直接相关，正是由于上帝的恩惠，救主才能来到人间，将人类从罪和死亡中拯救出来。依照旧约先知的预言，弥赛亚

应出自大卫家族，是大卫的后裔，被称为"大卫的子孙"。

弥赛亚说
Мессианизм

又称救世主说。虽然这个概念与宗教相关，但它不属于神学范畴。"在历史上起过重要作用的所有民族，在民族自我意识高涨之时，都会确信，这一民族作为人类历史命运的卓越承载者和成就者，拥有特殊的优越性。"（B. C. 索洛维约夫）许多俄罗斯宗教哲学的代表者都被弥赛亚说所吸引。弥赛亚说实际上并不含有对与自己民族救世使命相关的在上帝面前的责任感，它往往会蜕变为民族主义的自我确证，希求凌驾于其他民族之上，这种意识使完成救主使命成为不可能，并阻碍民族道德状况的改善。

魔 鬼
Бес

又称恶魔、鬼，指上帝的反对者、教会的敌人和撒旦的仆从。按照基督教信仰的学说，魔鬼是背叛了上帝而去

做恶的堕落天使。上帝没有遏止它们的存在和活动,因为在上帝创造的世界中,有意志和选择的自由,这也适用于它们。魔鬼对于自然界的自发力量有相对的权力,不受人世间时空环境的制约,它们善于以虚假的奇迹来激发人的想像,把自己装扮成天使甚至基督的样子,潜入人的思想之中,将人的思考引向邪路。作为诱惑者,魔鬼的活动针对所有人,其中,精神生活离上帝越远、沉溺于尘世物质生活的人受魔鬼的影响就越大。但是,魔鬼并不完全了解人的灵魂,对于人的自由意志也没有掌控的权力。依照东正教的传统,魔鬼的主要目的是在人犯罪之前减轻人的罪恶感,而在犯罪之后加重人意识中的负罪感,使其陷入沮丧、消沉。教会的学说告诉人们,人类的整个生活都处在上帝的恩典和黑暗势力的斗争之中,而黑暗势力所利用的正是人们自身的不完善。如果说恩典能够使灵魂得到平静,开启人的思想,使人对上帝的信仰更坚定,那么,魔鬼的诱惑只能引发消沉和混乱,以及高傲和自恋。魔鬼的力量进入人精神世界的结果可能是魔鬼附体,它会在道德、心理和健康上对人造成损害。魔鬼附体的现象引发了神甫借助特殊的祈祷从被魔鬼附体的人身上驱除恶灵的宗教活动。这种做法与耶稣基督、使徒和圣徒的活动相关联,而驱除附体魔鬼的能力是驱魔者领受恩赐的证明。驱除魔鬼的做法在人接受洗礼这一圣事中具有重要意义,能使人摆脱撒旦的影响。东正教会的思想一直强调基督徒与诱惑者魔鬼进行精神斗争的必要性,教导信徒必须学会区分圣洁的精神力量和罪恶的力量。基督徒精神信仰的完善与否正是用这一斗争的业绩来衡量的。

魔鬼论

Демонология

魔鬼论是指关于魔鬼的学说,是许多希腊、罗马宗教哲学体系的组成部分,也是通灵术-魔法实践的理论基础。普罗提诺对这种实践持否定态度,他认为哲学家的使命更高,是对存在更高领域的精神提升和观照。关于魔鬼的知识不是来自于启示,它由非宗教的、超自然的经验产生。对魔鬼的本性及其力量有各种各样的假说,上帝启示认为魔法和通灵术对人灵魂的救赎是有害的,而服从上帝旨意和爱上帝的人不会受魔鬼的控制。俄国宗教哲学家 C. H. 特鲁别茨科伊表示，基督教是唯一摆脱了征服许多民族的魔鬼崇拜的宗教，只有基督教使世界真正拔除了对众多魔鬼的崇拜。

摩西律法
Закон Моисеев

摩西律法是上帝通过摩西向以色列人下达的十条诫命和一系列其他律法，这些具体的律法条文记载在《圣经·旧约·出埃及记》的第 19 章到第 40 章中。摩西律法涵盖的信仰、道德、人与上帝的关系、与其他民族的关系、主人与奴仆的关系、献祭和赎罪、宗教惩戒等内容十分详尽。摩西律法是"摩西书"（或称"摩西五经"）的主题。

末日审判
Страшный суд

末日审判是指世界末日到来之时，耶稣基督第二次降临世界对全人类做出的审判。在末日审判中，耶稣基督将

对每个人的灵魂做出最终判决，并决定他的灵魂是上天堂还是下地狱。

末世论
Эсхатология

又称末日论，在希腊语中指关于地上世界终结的学说。末世论是有关世界历史结束的观点的综合，是对世界和人的最终命运的看法，属于神学学说。因为基督教信仰的前提不是受造世界的消灭，而是其更新和救赎，所以，基督教末世论的教诲所指的与其说是因罪堕落的世界的末日，不如说是上帝初衷的完成:世上一切的复活和受造物与上帝的结合。其结果是天上世界与地上世界之间的差别消失,一切获得永生的受造物都将升入天国,而所有不应升入天国的受造物都要从宇宙的构成中消失。对于天上世界与地上世界结成一体时人们会处在何种状态,我们没有清楚的想像,但是依照教会的学说,这要取决于对基督的态度。需要指出的是,非基督教信仰者的无罪与通过在圣餐礼中同救主交流而成为无罪之人这两者之间是有差别的,这在末日审判之后会被发现,这一因素将成为确定人未来如何存在的决定性准则。按照教父的学说,世界末日到来之时,更新世界的使命是展现出之前隐匿在现实背后的精神本质,使复活了的人类明白在上帝的光照中生命的真正核心是什么。而对于没有信仰的灵魂,这已经不是依照恩典自由实现的上帝的意识,而是违背个人意志被迫产生的意识,所以会带来痛苦和折磨。C.C.阿维林采夫说:"就其本义而言,末世论形成于有可能正面解决作为某种绝对的个人和宇宙命运的那个地方。"H.A.别尔嘉耶夫说,历史也会以巨大的灾变和审判而告终,但是它的"末日是意义重大的胜利,是上帝与人类的结合,是上帝与人的存在主义辩证法的末世实现"。

"莫斯科——第三罗马"
《Москва — третий Рим》

"莫斯科——第三罗马"这一观念的形成是客观历史环境使然。其中最主要的历史事件是1453年土耳其-塞尔柱人的军队占领了君丁坦丁堡，拜占庭帝国由此灭亡。这一事件发生时，莫斯科公国正在形成俄国以莫斯科为中心联合起来的新形势。1480年俄罗斯实际上已经成为独立的国家，17世纪初期它的领土已经可以与法兰西王国相比，后者是中世纪最大的国家。这一切导致了关于莫斯科世界历史作用的著名理论的产生，而阐发这一思想和情绪的是普斯科夫救主、叶利扎罗夫修道院院长菲洛费伊（约1465—1542）长老，他在给莫斯科大公们（诸如莫斯科长官M.穆涅欣和未来的沙皇伊凡雷帝）的信函中论说了"莫斯科——第三罗马"的理念，这一学说开始形成。菲洛费伊的理念概括起来，其核心思想是：随着古老罗马和君士坦丁堡的灭亡，以大公为首的俄罗斯成为基督教的中心，为整个东正教世界命运负责的重任落在了它的肩上。菲洛费伊在阐述这一观念时，将《圣经·但以理书》中关于国家继承性的观念（《但以理书》，第2章，第31—45节）、基督教虔诚信仰中心转移到古罗斯的思想及莫斯科国家是以往君主国家历史保存者的观念融合到了一起。这个学说最终得以形成，除拜占庭的覆灭以外，还有几个重要前提条件：其一是1439年希腊和罗马教会间签订的佛罗伦萨教会合并协议；其二是1441年莫斯科大公瓦西里二世拒绝与罗马教皇结成联盟；其三是在俄国形成了一种不可遏止的政治腾飞和强化的新形势。这些历史状况促使俄国的国家和教会的主宰者产生了一种共识，即信奉东正教的古罗斯是真正信仰的唯一保存者，正因为如此，上帝提升了它的地位，并使它受到神力的庇护。实际上，这一学说自产生开始就具有一种两重性：一方面，它意味着莫斯科国家与外在宗教价值的联系，在使虔诚的宗教信仰成为莫斯科国家的主要特征和强大基础的同时，还强调了其理论的拜占庭定向。可以认为，"莫斯科——第三罗马"的理念暗指莫斯科国家与那些"不洁的"土地是隔绝的。另一方面，君士坦丁堡被看作为第二罗马，在它的政治象征意义中强调的是帝国的本质，它

弗拉基米尔大公受洗

是世界大国罗马的继承者。由此可见，在这种意识形态因素中融汇了两种倾向——仁慈和神圣与政权和帝国，前者的象征性体现是耶路撒冷，后者的象征性体现为罗马。

"莫斯科——第三罗马"的思想成为了莫斯科国家意识形态基础的试金石。因为这种思想，罗斯成为整个基督教世界和非基督教世界的真正的宗教和政治聚集中心。之后两个世纪的实践和一些神话题材使这一学说得到了进一步充实。在俄罗斯人的意识中十分牢固地确立了一种思想——罗斯是高于世界上所有其他国家的国家，是"神圣罗斯"，而俄罗斯人是上帝的选民，是"心里装着上帝的人民"。后来这种意识在斯拉夫派、土壤派和众多19世纪末—20世纪初的俄国作家和哲学家的著作中以不同方式体现出来，其中包括Ф.М.陀思妥耶夫斯基、И.А.伊林、Г.И.费陀托夫、Г.В.弗洛罗夫斯基、Н.С.特鲁别茨科伊和П.Н.萨维茨基等。

罗斯的"神圣"和俄罗斯人民的"上帝选民"地位要求他们必须拥有殉道的灵

伊凡雷帝

光,这很符合中世纪的心理定势。仅在两年期间(1547—1549),俄罗斯东正教会封圣的教徒比自古罗斯受洗以来的五个世纪还要多。16世纪出现了古罗斯接受基督教洗礼早于弗拉基米尔大公之前的神话。照这个神话的说法,在1世纪使徒安德烈和圣母一起成为俄罗斯的天国庇护者。在彼得一世执政时期,为纪念圣使徒安德烈,建造了第一座木制教堂并设立了"第一位蒙主圣召安德烈"勋章。"第一位蒙主圣召"的意思十分明确,即东正教比天主教更早地受到上帝的圣召。依照《福音书》的记载,安德烈与其罗马天主教会的圣庇护者——兄弟彼得不同,他是基督圣召的第一位使徒。1589年罗斯授予约夫第一任牧首的圣职。虽然表面上他在东正教的牧首中占第五位,而实际上俄罗斯东正教会在所有基督徒中的首要作用在莫斯科无人怀疑。正因如此,1852年俄罗斯东正教会同罗马天主教会因谁应

该掌握耶路撒冷的耶稣基督墓所在教堂的钥匙而发生争执时（这成为克里米亚战争的原因），俄罗斯人一致认为只有俄罗斯东正教会才有这种权利。1547年伊凡雷帝行登基加冕礼，这个事件在"莫斯科——第三罗马"这一观念实现的一系列历史事件中成为了必然的环节，俄罗斯沙皇开始被认为是上帝的受膏者，也就是说，他是上帝在地上的全权代理人。莫斯科对自己在世界上所有其他国家和教会占据首位的觊觎在1561年召开的教会会议上达到了顶点，这次会议宣称伊凡四世为"沙皇和普世东正教基督徒之主"。此后，在俄罗斯人的意识中确立了一种思想：天主教和基督新教在教阶上所占的地位都要低于沙皇属下的大公甚或公。彼得一世成为皇帝这个历史事件也完全在"莫斯科——第三罗马"这一观念的框架内，这使彼得一世与神圣罗马帝国的皇帝（那时为奥地利皇帝）平起平坐。

16世纪下半期"神圣罗斯"作为俄罗斯人世界观的定

势和对自己国家的观念已牢固地树立起来，他们认为俄国是"神圣的"，是"上帝拣选的"，是"真正的基督教"国家，它的国民都是"心里装着上帝的人民"。实际上，这种自我意识已经具有弥赛亚说的内核，认为俄罗斯人优越于其他民族，是其他民族的拯救者，只有俄罗斯人才能给未来世界带来光明。这逐渐成为一种帝国的弥赛亚使命感：只有俄国才能拯救和更新世界。这在俄国处理国际关系问题时有许多体现，把觊觎他国领土的行为诠释为"神圣罗斯"的公正，在民众意识中以救主使命来为自己的道德辩护。尤其是当高加索的基督教信众和波罗的海沿岸的斯拉夫人教徒需要帮助时，俄国政府更会用弥赛亚说来解释自己的行为。

在苏联时期，尽管意识形态模式有所改变，但以往的俄罗斯心智准则并没有变，只不过是原有内容的变体罢了。沙俄帝国的废墟上出现了新的超级大国苏联，在它的国徽上整个地球都处在全人类指路星的光照之下。依照别尔嘉耶夫的说法，莫斯科继承了第三罗马的传统,成为第三国际的首都,中世纪所期盼的"俄罗斯"基督的第二次降临成了对"光明未来"的信仰,这个"光明未来"即是将要到来的共产主义天堂。俄罗斯人自古以来自认为是上帝选民和"心里装着上帝"的人,这种优越感此时转化为承认苏联人有某种独一无二的特性,并认为"神圣罗斯"——苏联是世界上最先进和最公正的国家,是和平与安宁的保障,是全人类的"灯塔"和"舵星"。

牧 首
Патриарх

牧首是东正教中为首的主教,这一教职在451年查尔西顿召开的第四次普世大公会议上设立。拜占庭帝国的东正教会曾由4位牧首执掌:君士坦丁堡(普世)、亚历山大里亚、安提阿和耶路撒冷的时任牧首。1453年拜占庭帝国灭亡以后,牧首成为地区独立教会的首领。古罗斯的牧首制于1589年设置,1721年取消,代之以主教公会,1918年重新恢复。俄罗斯东正教会的牧首由地区宗教会议选举。俄国东

正教历史上有过15位牧首,现今在位的是第16位。这16位牧首分别是:约夫(1589—1605),格尔莫根(1606—1612),菲拉列特(1619—1633),约萨弗一世(1634—1640),约瑟夫(1642—1652),尼康(1652—1666),约萨弗二世(1667—1672),皮季里姆(1672—1673),约吉姆(1674—1690),阿德里安(1690—1700),吉洪(1917—1925),谢尔盖(1943—1944),阿列克西一世(1945—1970),皮缅(1971—1990),阿列克西二世(1990—2009),基里尔(2009—   )。

尼尔·索尔斯基
Нил Сорский

尼尔·索尔斯基,又称圣尼尔修士(本名为尼古拉·迈科夫,1433—1508)是俄罗斯东正教会的圣徒,著名活动家、哲学家和作家,以深刻的神秘主义学说而广为人知,是无恒产主义者运动的首领。他出生在农民家庭,在削发为修士之前是缮写员。在成为基里尔·别洛泽尔斯克修道院的修士以后,他撰写出传播甚广的宗教训诫著作。青年时期他曾到圣地去朝圣,去过君士坦丁堡和圣山等地,在圣山了解了深入宁静主义的修道原理与方式。回到罗斯以后，在距基里尔·别洛泽尔斯克修道院15俄里的森林中居住下来。他一生的大部分时间都生活在隐修区。他所追求的是倾尽全力向上帝祈祷和撰写神学著作的独居隐修生活。指引他的宗教生活和写作的是圣书，他认为圣书是人道德和宗教责任的唯一认识源泉。他的宗教经验的突出特征是神秘主义的深度、精神的清醒和纯洁。尼尔在《规章》一书中与读者分享了他本人的灵修经验。他教导修士如何克制自己的欲望、如何祈祷，并指出："不应只用言语来祈祷，更多应用智慧和心灵，应坚决拒斥虚荣、贪财、怯懦、气馁和懒惰。饮食应该仅仅是为了维持生命，而不是为了享受。为了同所有恶的念头做斗争，应不断地呼唤上帝。基督徒应保持由祈祷而来的光照下的灵魂状态，扼制愤怒、残酷无情和龌龊的意念。还必须记住死亡和末日审判的必不可免。"尼尔修士作为无恒产主义者的首领，为能否保持修士生活内省的传统而忧虑，反对修道院必须有资产的主张。圣尼尔修士的纪念日为公历5月20日。

宁静主义

Исихазм

又称静修派。这个术语源自于希腊语，原意为"缄默"

"宁静",分别包括两种不同的含义。

其一,宁静主义指对东正教有深远意义的信仰传统,其突出特点为以沉默的方式达到对上帝的神秘主义认识。这种信仰方式以其神秘主义和充满恩典的宗教精神有别于历史世俗化的天主教和基督新教。宁静主义的宗旨是集中人的一切力量去靠近上帝。这种信仰的实践要求信徒必须遵行严格的斋戒,以减弱肉体对灵魂的影响,战胜罪恶的情欲,"使智慧进入心灵",将肉体的力量和灵魂与智慧的力量有机地联结成一个整体,以使人能够接受上帝的唯一力量;这种宗教信仰的实践还要求通过向耶稣基督的不断祈祷,把宁静主义修道者的全部注意力都引向上帝,以使上帝本身和他的力量能够被接受。与此同时,所发生的不

仅是智慧的光照，还有身体的更新，从根本上改变人存在的品质。由于非受造的法沃尔之光（即上帝之光）在苦修者与上帝交流时沐浴着他，他会产生感性和理性的认识，这种认识既超越感性经验，也超越纯理性经验。所以，我们不能把启示只看作是感性或理性的认识。这里去除了精神和物质的二元论，而是在受造之物和非受造之物之间划出了纯宗教的界限。

自基督教产生之初，宁静主义的祈祷方式便已存在，主显圣容节便是其雏形。时至 11—14 世纪，在杰出的圣苦修者、新神学家西梅翁、格列高利·西纳伊特和圣格列高利·帕拉玛的实践推动下，宁静主义发展到了极致。这种信仰方式进入古罗斯是在其接受基督教洗礼之后，随拜占庭的静观派修士传统而至。最早的古罗斯静观派修士是基辅罗斯的圣修道士安东尼·佩切尔斯基；莫斯科时期的宁静主义信仰者主要是拉多涅日的谢尔盖和圣苦修者尼尔·索尔斯基；彼得堡时期最著名的宁静主义苦修者为圣吉洪·扎顿斯基，帕伊西·维利奇科夫斯基长老和奥普塔修道院的各位长老，以及萨洛夫的圣谢拉菲姆。

其二，宁静主义特指 14 世纪拜占庭和斯拉夫世界的宗教社会运动，其宗旨是反对欧洲的人文主义思想、文艺复兴和文化世俗化的早期征兆。运动最初发生在修道院中。在格列高利·帕拉玛与瓦尔拉姆·卡拉勃里斯基的神学争论过程中,先是形成了运动参与者的宁静主义神学概念,然后这一运动扩及社会,成为社会政治生活的重要现象,并且对其他东正教国家产生了重要影响。作为一种宗教社会运动,宁静主义旨在恢复教父传统。这与西欧文艺复兴的意识形态相对立,后者的目的在于否定中世纪的经验。宁静主义的信仰方式形成一种运动以后,对东欧的东正教世界影响十分巨大。它在古罗斯的盛行很符合莫斯科公国时期民族和国家崛起的形势需要。

诺夫哥罗德索菲亚大教堂
Софийский собор в Новгороде

诺夫哥罗德索菲亚大教堂是由建造基辅索菲亚大教堂的建筑师修建的，1045年奠基，1050年竣工。当时执政的是弗拉基米尔·雅罗斯拉维奇公。教堂位于内城的中心。这座索菲亚大教堂比基辅索菲亚大教堂更为古朴，形式也更加简洁，与诺夫哥罗德城市的风格和精神相一致。它有5个圆顶、5个中堂、宽敞的走廊和唯一的有阶梯塔楼。它的内部装修则更为简朴，既没有马赛克，也没有大理石和石板。建筑材料是当地比较粗糙的石灰石,只有穹顶和拱门使用了砖。

普世大公会议
Вселенский собор

普世大公会议是地方教会代表为解决教义和教规问题而举行的会议。在历史上它是普世东正教会最高的权威机构。正是在普世大公会议上制定并确立了东正教教义和崇拜的体系，形成了教规标准和礼拜规则，对各种神学概念做出了评价，确定了与异教斗争的方法。因此，普世大公会议是普世东正教会的唯一全球立法机构，它的裁定和所立的规则都是绝对正确无误的，它的权力扩及各个时代的所有地区教会。得到东正教会承认的七次普世大公会议为：1）尼西亚普世大公会议（325年），通过了《信经》初稿，斥责了异端阿里乌斯（他认为耶稣基督是上帝创造的，否定基督的上帝之子的非受造神格），确定了基督复活节的时间。2）君士坦丁堡普世大公会议（381年），进

一步确定了《信经》的内容并将其立为教规,在同异端继续斗争的同时,提出了上帝的三位一体的定义。3)以弗所普世大公会议(431年),谴责异端君士坦丁堡主教聂斯托利。他声称耶稣基督的神性和人性保持着互相隔绝的本质,因此童贞女马利亚所生的只是作为人的基督,不应称其为"圣母"(Богородица),而应称为"基督之母"(Христородица)。这次普世大公会议承认童贞女马利亚为圣母,并以此确证了一个真理——神性和人性在基督身上结合成为一个神人。4)查尔西顿普世大公会议(451年),确证了耶稣基督身上神性和人性的不融合和不可分割、他的个性(位格)是统一的这一教理,斥责了基督一性论者的异端学说,他们认为耶稣基督只拥有神性,他不是神人,而是神。5)君士坦丁堡普世大公会议(553年),批判了三位神学家的学说。依照这种学说,基督不是神人,而童贞女马利亚不是圣母。会上还谴责了奥利金的异端思想。6)君士坦丁堡普世大公会议(680—681年),批驳了基督一志论神学观,这些神学家认为耶稣基督只有一个旨意和一种(神人的)作用。在这次大公会议上通过了基督有两个旨意和两种作用的教义。7)尼西亚普世大公会议(787年),谴责了圣像反对派(反对圣像崇拜),确立了圣像和十字架崇拜的教规。1054年西方和东方教会分裂以后,再没有召开过基督教的普世大公会议。

Q—S

"祈求"圣像 *Деисус*
启示 *Откровение*
《启示录》*«Апокалипсис»*
谦卑 *Смирение*
虔诚 *Благоговение*
全能 *Всемогущество*
权杖 *Жезл*
撒旦 *Сатана*
萨洛夫的圣谢拉菲姆 *Серафим Саровский*
山上圣训 *Нагорная проповедь*
善 *Добро*
上帝 *Бог*
上帝的羔羊 *Агнец Божий*
上帝的无限性 *Бесконечность Бога*

上帝的形象 Образ Божий
上帝的选民 Богоизбранный народ
上帝之国 Царство Божие / Царство Небесное
上帝之母 Богоматерь / Богородица
身体 Тело
神迹 Чудо
神秘论 Мистика
神秘主义 Мистицизм
神权政治 Теократия
神人 Богочеловечество
神圣罗斯 Святая Русь
神圣性 Святость
神学 Богословие
神学课 Закон Божий
神职人员 Священнослужители

"祈求"圣像
Деисус

"祈求"圣像是一种古老的圣像,上面绘有三个形象:中间是身穿主教神袍的耶稣基督,其右为圣母,其左为施洗约翰。这种圣像在17世纪的古罗斯甚为流行,在教堂里被挂在圣像壁的第二层,或正门上端,或教堂入口处门的上方,以及宫殿和住宅中门的上方。该圣像画中有时还画有天使长、使徒和其他圣徒。救主经常被描绘成手持《福音书》为人祝福,或躺在棺木中,满身伤痕。

启 示
Откровение

启示是指上帝告知人的关于上帝自身的知识,向人启示人生应遵循的原则和礼仪规章、历史事件的宗教-精神意义、末日的特征等,以人的认识和意识能够接受的形式表达出来。启示具有人的理性和自然直觉能力达不到的至高来源,只能借信仰来领悟,它是对人精神的特殊启蒙,是阐明真理和训导的圣言，也是上帝关于自己的圣言。最早把启示视为解决一系列哲学问题的真理源泉的是亚历山大的斐洛，他认为，对世界的起源、创世的根基和人精神形成等问题的探究都不能缺少启示精神的导引。

启示的概念只有在上帝本身的宗教范围内才能产生，它为人与上帝的绝对精神交往提供了可能。基督教关于独一上帝的三个位格的学说预先决定了这种可能性，因此，对于神启的理解就更加个性化、生动和直接。只有在基督教中，上帝不是通过直观和预言展现给世界，而是通过圣三位一体中第二个位格道成肉身来显露的。道成肉身的神迹使耶稣基督体现的上帝的绝对能够直接与人类对话，而人类能够直接聆听上帝的圣言。使徒们以最直接和最个人的方式从第一手材料获取启示，进而使这些启示成为其他人的财富。为了进一步传递基督的启示，成立了基督教教会。充满圣灵的教会直至世界终结都是上帝启示的保存者。

在不同时代的基督教思想家看来，启示是对信仰无可怀疑的真理的揭示，基督教哲学就在其基础之上建构而成，它把这些毋庸置疑的真理同科学研究的资料和形而上学的分析联结起来。在做这种研究时，启示被诠释为上帝所赐准备好的圣文。

在现代基督教思想中,启示是上帝的自我启示,他把自己献给人们,是他对尘世的创造性的爱和由圣言与圣灵形成的新现实的爱的表述。启示是对人的信仰的回答,人所探寻的不是掌握新的真理,而是生命与圣父、圣子、圣灵的完全合一,是在教会中的被宽恕和救赎,并渴望用自己得救的生命去服侍上帝和身边的人。启示以恩典光照人,被人视为上帝的恩赐和应许。对于基督教信徒来说,启示集中表现为上帝在耶稣基督身上的自我启示。

《启示录》
«Апокалипсис»

《启示录》是指神学家约翰的《启示录》,也称《约翰末示录》,是《圣经·新约》和全书的结尾部分,由使徒约翰在拔摩岛上写就。关于其写作时间说法不一。《启示录》由22章组成,主要内容为对教会和人类未来命运的预言和认识,由耶稣基督启示给他的爱徒约翰。如果说《约翰福音》充满了爱的情感,渗透了深入内省的精神,那么,约翰的《启示录》则是不妥协的斗争的证明,是对未来即将发生的突变的预言。《启示录》中对历史的神学阐释与富有斗争精神的教会学说及末世论学说相联系,并以后者

为依据。约翰所展现的人类历史前景是悲剧性的，这是一幅可怕的灾难景象：饥荒、战争、疾病以及撒旦的队伍同以基督为首的天国之军进行大战。天国大军的胜利将使撒旦被捆绑一千年，那些因承认耶稣的启示真理和上帝之道而被杀害的人都将复活，跟基督一同作王一千年。一千年以后，撒旦会从囚禁中被释放出来，它要重新聚集力量反对基督和圣者，但将遭到彻底的失败，并永远受折磨。在这以后死人得到复活，开始末日审判（《启示录》，第20章，第11—15节）。《启示录》的突出特点是充满了有深层涵义的神秘主义和复杂性的象征意义。约翰所描写的形象和事件都不适宜做字面上的诠释，而具有深刻的象征含义，这导致了对《启示录》的多种甚至互相矛盾的诠释。

谦 卑
Смирение

东正教伦理方面的最高美德之一,与之相对的是骄傲。谦卑是东正教苦修的关键价值,也是基督教意识的基础性戒规。所谓谦卑,指的是完全服从于上帝和上帝意志的状态,灵魂为接受恩典而毫无保留地向上帝敞开,基督是其榜样。真正谦卑的人生活在与上帝同在的世界中,自由且勇敢地听从上帝的意志,做基督的跟随者,并准备为此背负十字架。这意味着真正承认自己在上帝面前是渺小、微不足道的,深信自己与上帝处在某种现实的关系中。

虔 诚
Благоговение

虔诚是由对上帝的敬畏转化成的爱,是上帝和圣物引发的对其深深的敬仰和特殊的感动。"虔诚是对真正存在的永恒理想的感觉,这种永恒理想会引起真正改变自己的渴望,使自己靠近至高的完善。"(B.C.索洛维约夫)

全 能

Всемогущество

全能是上帝的固有属性之一,其意为:上帝能够在世界上实现他自己想要的一切,受造万物的行为皆遵照他的旨意,采用他所选择的途径和方法。在思想史上一直存在一个问题:上帝的全能有无界限?传统的回答为:第一,上帝不能否定自身。第二,上帝不能做与自身本性、智慧和爱相矛盾的事。在古代教父的学说中,上帝能做一切,只是不能强迫人爱自己。一些经院哲学家认为,上帝不能做他不想做的事,不能做不该帮的事,他的真正全能是他的力量坚不可摧。第三,上帝不能命令任何一个受造物变得完善,他期待着受造物从自身内找到通向完善的路,而这正意味着向上帝的归复。直至如今,对一些问题的回答仍不够清楚,诸如:上帝是否能从恶中吸取善?是否能创造出完美无瑕的人?是否能够倒转已经成为过去的事情?这些问题自基督教产生以来便一直存在。历史上恶的不断增长使许多人不再满足于重复以往的回答。第四,按照 С. Л. 弗兰克的说法,20 世纪上帝的全能向我们显示的不是外在的主宰力量,而是对我们意志的内在全能掌控,是上帝才具有的将人心由恶转向善的能力。这是无可阻挡的吸引力,它引导着信仰者的心,使他走上神圣、真理和善之路,并且,这种力量通过信仰者坚定不移的心流向世界。第五,上帝对造物世界的全能做了限定:"上帝不希望自己在所有的领域中都有权力,诸如他赐予人意志的自由。"第六,托马斯主义认为,对上帝的全能不容得任何怀疑,"没有任何力量能与上帝抗衡"。

权 杖
Жезл

权杖是主教宗教权力的象征,分仪典和日常生活使用两个种类。古代权杖顶端的形状犹如倒置的锚。东方正教从16世纪起、俄罗斯东正教从17世纪起在权杖的顶端置有两条蛇的形象,它们互相朝向对方,成为主教执掌权力英明的象征。

撒 旦

Сатана

在基督教中,撒旦是上帝、天上和地上忠于上帝的力量和人类的主要敌人,是地狱的主宰和魔鬼的统治者。《圣经·新约》中没有展现任何撒旦的可见形象,因为他是恶灵,他的活动是世上恶的根源。撒旦作为上帝的敌人,与上帝并没有同等的地位,因为他是上帝所创造的堕落之物,上帝允许他存在是出于对受造世界的构想,主要是为了保留受造之物的自由。撒旦受反对上帝的目的指使,利用了上帝赐予的能力,最终也有可能违背自己的意志去协助执行上帝的旨意。所以,撒旦的真正敌人不是上帝,而是天使长米迦勒,后者是与撒旦作战的基督徒的庇护者。

萨洛夫的圣谢拉菲姆
Серафим Саровский

圣谢拉菲姆（本名为莫什宁·普罗霍尔·伊西多罗维奇，1759—1833）是俄罗斯大圣徒，最著名的显行灵迹者。他出生在库尔斯克的商人家庭中，不满3岁时父亲便去世了，他接受的是母亲的教育。他在10岁时就看到了圣母的幻象，这使他牢固地树立起童年的宗教信仰。17岁时他决定放弃世俗生活去当修士。基辅郊区的隐修士陀西费伊成全了他的心愿，为他祝福，指引他前往阿尔扎玛斯附近的萨洛夫修道院。普罗霍尔于1778年11月20日进入萨洛夫修道院。1780年他患重病，3年不愈，在圣母对他显神迹以后才康复。1786年他削发为修士，得修士教名"谢拉菲姆"（希伯来语意为"热情的""炽烈的"），同年他被授予修士辅祭职位。1794年教会又授予他修士司祭职位。谢拉菲姆走过了约20年的独居隐修艰难之路，直至他回到世俗成为许多平信徒的精神导师。

在教会传说中，谢拉菲姆整个人都受到恩典的光照，不仅蒙恩典见到圣母的幻象，而且受到基督的祝福。他同所有俄罗斯东正教信徒一样，宗教意识中固有对圣母的深深崇敬。据说，正是遵照圣母的直接吩咐，谢拉菲姆和修女亚历山德拉一起创建了谢拉菲姆－基维耶沃女修道院。这座修道院位于基维耶沃村附近,距阿尔扎玛斯55俄里。相传,依照圣母的意愿,这座修道院成为圣母在世上的第四个封地(前三个封地为格鲁吉亚的伊维里亚、希腊的圣山和乌克兰的基辅洞窟修道院)。这位圣成德者为教友留下了许多关于俄罗斯和世界命运的预言,其中的一些已经应验,诸如克里米亚战争和俄国反基督教的流血革命,还有一些预言过一定时间也将实现。圣谢拉菲姆教诲说,所有愿意过精神生活的人,首先应当过积极的生活,然后转入深层的内心世界。积极的生活会把人引向自身的完善并促使正确世界观的形成。圣谢拉菲姆总是热情地接待所有来访者,尽力帮助每一个需要帮助的人,给他们提出睿智的建议,给予他们祝福,治好他们的疾病。圣谢拉菲姆在俄罗斯东正教传统中被认为是一位宁静主义苦修者,对人满怀真诚和仁爱,可以说是人和世界万物本质更新状态的代表。在生前,他已成为俄罗斯东正教信奉者公认的圣徒,但只有在1903年沙皇尼古拉二世亲临的至圣主教公会举行的隆重仪式上,才批准了谢拉菲姆的圣徒头衔。他的圣髑曾安放在萨洛夫修道院圣母安息大教堂的大理石灵柩中。1903年8月1日在萨洛夫修道院圣母安息大教堂和修道院的所有大教堂举行了纪念圣谢拉菲姆的礼仪。

1920年萨洛夫修道院被关闭,圣谢拉菲姆的遗骨也遗失了。1990年底重新找到了圣者的遗骨。现在它存放在基维耶沃修道院圣三一大教堂里。圣谢拉菲姆的纪念日为公历1月15日和8月1日。

山上圣训
Нагорная проповедь

又称山上宝训,是耶稣基督在距革尼撒勒湖不远的山上向百姓传道教导的圣训,它包含了基督教的主要诫命。在这些圣训中救主为人类奠定了新伦理的基础。山上圣训的内容记载在《马太福音》(第5—7章)和《路

加福音》(第6章,第17—49节)中。需要注意的是,耶稣基督在这些圣训中对《旧约》和《新约》的道德标准进行了对比,并指出,旧约主要要求对律法的外在行为的遵行,而新约中的基督教伦理学则首先要求人的内在完善。因此,不仅杀人是犯法,论断身边的人也是犯法;不仅奸淫是犯法,凡见妇女就动邪念的也被基督判定为犯奸淫罪了。精神的顺从、内心深处的祈祷和对上帝之国的一心追求,被视为至高的宗教道德品质。

善
Добро

善是对物的状态和人的行为的肯定评价,是对精神的超自然性评价。人们最常把完美、和谐、满足和真实称为理想状态,认为从伦理学的角度应把这一切引入人的行为和社会生活中,同时引入对人的教育和培养的领域,并作为生活的精神基础引入社会法规。善被公认为社会革新和状态改善的来源。智者认为,上帝是善的,他是世界上一切善的源泉,只有上帝能够提出区分善恶的标准。

上 帝
Бог

在基督教中，上帝是最高的神。他是永恒的，非受造，无形无体，神圣而完美无缺，全知全能，无所不在。上帝的存在，他的智慧、能力、圣洁、公义、良善和真理是无限的、永恒的且不会改变的。在东正教神学中，上帝被视为完全存在于世界之外的不可认识的神，是造物主、万物的庇护者、世界的拯救者，他拥有三个位格——圣父、圣子和圣灵。东正教神学在谈到上帝完全不属于物质存在的世界时指出，上帝借助于非受造的力量，在精神方面参与到自己所创造的世界和人之中。在这种神学理论中，深入地贯穿着否定神学精神，即回避一切关于上帝存在的理论证明，而这些理论证明对于天主教却很重要。东方基督教的神学家依据人与上帝交流的神秘主义经验，证明上帝犹如一个活生生的人，他的形象由不可知且无法用语言描绘的光创造而来。在这种证明中，光直接同上帝的本性相联系。依照圣马克西姆的说法，上帝作为本性上的光，通过模仿出现在世界上，是以形象体现的最高形象。如果说，西方天主教神学注意的主要是上帝之光的通透清晰，从中产生用理性解释神学的意图，并制定比较理性的神学研究体系，那么，东方的正教自古以来就强调上帝之光的神秘和深奥莫测及理性的无法诠释。东正教神学持有一种二律背反的观点：上帝既是黑暗，隐藏在任何光之下，又是无法接近的光，它会遮住一切认识。依照东正教的神学思想，上帝不是物质存在、机遇或行动，他是超存在的，是物质力量和行为被造的始源。东正教神学捍卫把上帝视为精神、个性和奥秘的观念，但对上帝本身的看法持极其小心的态度。俄罗斯东正教会的苦行修士和思想家喜欢用神秘主义的象征性语言来谈论上帝，将其称为精神之火，能点燃人的心和生命，是无法诠释的"最伟大的真正的光"。

上帝的羔羊

Агнец Божий

"上帝的羔羊"是对耶稣基督的象征性称呼，首次由施洗约翰提出（《约翰福音》，第1章，第29节）。约翰所指的是，耶稣像《旧约》中作为祭品的羔羊一样，为了人类而被祭杀，在各各他被钉上十字架，牺牲自己的生命来为人类赎原罪。

上帝的无限性
Бесконечность Бога

上帝的无限性指的是上帝不受任何界限制约,这充分地表现在上帝对人的爱之中。在宗教的神秘经验中,上帝被知觉为无限的爱、善和完美,这种无限的爱、善和完美的召唤会传至人灵魂的无限深处。

上帝的形象
Образ Божий

上帝的形象指上帝直接创造的人个性的精神基础,它反映出造物主的永生、意志自由、绝对的独一无二性和理性。上帝的形象不是上帝的神性在我们身上的无个性印迹,而是上帝创造的我们精神个性的隐秘基础,它不需要改变,但要求自由的创造性的实现。教父和教会的导师把上帝形象注定的精神创造力的实现和"与神相似"的概念联系起来,后者意味着人对神的完美的自由且原本的模仿。上帝的形象为人提供了圣化的可能性,但要求人拥有自由的意志,在上帝的恩典起决定性作用的前提下,通过自由与恩典的协同作用来实现这种可能性。

上帝的选民
Богоебранный народ

依照《圣经》记载，以色列人被认定为上帝的选民，是为了向世界宣告和证明独一的上帝和他的律法，以及为订立新的永约做准备。上帝选民的使命不仅是特权，而且是义务。被上帝拣选的人民受着妄自尊大的诱惑，而且有可能做出偏离服侍上帝的冒险。先知们正是如此谴责以色列人的。基督到以色列来是为了签订新的圣约，并以此肯定他的拣选是对的，然而犹太人却拒绝接受应许的救主。不过依照使徒保罗的说法，犹太人在成为基督福音的仇敌以后，依然"为列祖的缘故是蒙爱的"（《圣经·新约·罗马书》，第11章，第28节）。对他们的拣选并没有因为基督及使徒创造了上帝新的选民——教会——而改变。俄罗斯宗教哲学对这一问题做了以下方面的思考：第一，虽然耶稣作为救主被派往以色列人那里并遭到拒绝，上帝的拣选依然有效，这里存在着选择以色列的特殊秘密；第二，基督教与犹太教之间关系的悲剧，在很大程度上应从犹太人灵魂中的"扫罗和保罗"得到解释，而这一对抗远没有终止；第三，我们应该按基督的精神去对待所有的人，包括犹太人，并且我们应该按《福音书》的精神无可非议地生活，以使犹太人由此产生对它的信服；第四，那些因犹太人在世界上日益增长的影响而担忧的人，在对犹太人的态度上将怨恨和不满置于首位，这会导致憎恨，因此他们也应该注意到自己的罪过，并注意到一种现实：在基督教世界里，自私自利作为经济和社会实践的主要基调正在控制着人类，"启蒙的欧洲在社会和经济中确立了无神的和非人的原则，然后却责怪犹太人遵行这些原则"（B.C.索洛维约夫）；第五，应该将俄罗斯反教会的布尔什维克精英中那些无神论者犹太人的罪行看作为反对真正以色列的罪过（C.H.布尔加科夫）；第六，反犹太主义与反基督教密切相关，不应该把耶稣基督被钉上十字架归罪于作为人民的犹太人，基督教的信徒在历史上曾多次用自己的罪过折磨基督；第七，应该记住使徒保罗的话，最终"以色列全家都要得救"（《罗马书》，第11章，第26节）。但是，不应该认为上帝救赎世界的意图完全依托在拣选犹太人民这件事上。

上帝之国
Царство Божие / Царство Небесное

又称天国,它是上帝创造世界的宗旨,是基督的事业和基督教会的目标。基督教会既是实现这一目标的工具,同时又是在现世条件下未来上帝之国的原型。与由人来主持的地上之国不同,上帝之国不是来自于尘世,但也不与人相敌对。上帝之国是由上帝创造的,由上帝的圣智和善的意志所成就,其中包括世上的万物。上帝之国在神学意义上是完善的存在,充满了光明、真理、无上幸福、爱、自由和恩典。从我们一出生起,上帝之国的形象就已存在于心中,它在神恩的影响下,由于我们的自由参与而得到有机的发展。只有虔信宗教的人才能意识到上帝之国的现实性,这需要进入教会生活之中和拥有在教会生活的经验。东正教神学和宗教哲学从三个方面揭示出这种现实性:第一,从宇宙的本质方面而论,宇宙不是上帝用手造出来的充满合目的性和美的殿宇,而是上帝启示精神的原初间接形式;第二,就基督教会的恩典本质而论,它向人类展现的是真正的上帝的形象;第三,从世界在现世历史终结后的最终改变而论,上帝之国在那时将实现完全彻底的胜利,它将是上帝显示出的真理和灵的权力的胜利,而不是专制力量抑或法律的胜利。俄罗斯的神学家和宗教哲学家对上帝之国做了各自不同的诠释：神甫 A.什梅曼认为，上帝之国是创造世界的目标，是每个人受造的目的，也是所有文化、文明存在的宗旨；П.Я.恰达耶夫则认为，上帝之国是即将到来的基督教文明，是基督教信徒遵照福音理想再造世界的全世界创造性工作的结果；而 B.C.索洛维约夫把上帝之国看作为大一统在世上的实现，认为它是历史的宗旨，世界在不断地向它进化，上帝之国的实现不仅在宗教方面，而且包括政治方面。20世纪的俄罗斯思想倾向于从末世论的观念来看待上帝之国，认为它是上帝在历史终结和向元历史过渡的未来世界灾变中对现世之国所取得的胜利。П.季里赫把上帝之国诠释为对人类历史存在的来自上天的不确定性回答，是对生活所有领域的历史测量维度，其中既有超验的、又有内在论的方面。

上帝之母

Богоматерь / Богородица

上帝之母即圣母。在东正教会中，形而上地理解并在教义中把童贞女马利亚称为耶稣基督之母，她的神迹是在不失去贞操的情况下孕育并生出了神人耶稣。431年，在

以弗所召开的基督教大公会议第三次大会上确立了一种信仰：上帝作为主耶稣基督，从在童贞女马利亚腹中孕育开始便与人结成一体，耶稣基督作为完美的人也是完美的上帝。基督教会称圣母为"永贞"（553年在君士坦丁堡召开的第五次大公会议上宣布）。这一称谓强调上帝之母在基督诞生以前、之中和之后的贞洁。

关于圣母的出身和童年，《福音书》的正典中没有提及，有关这方面的论述在伪经《极为幸福的马利亚与救主童年书》（后更名为《雅各之子的福音一书》）中可以见到。《路加福音》第一章对童贞女马利亚做了这样的记载："……天使加百列奉神的差遣，往加利利的一座城去，这城名叫拿撒勒。到一个童贞女那里，是已经许配给大卫家的一个人，名叫约瑟，童女的名字叫马利亚。天使进去，对她说：'蒙大恩的女子，我问你安，主和你同在了！'马利亚因这话

就很惊慌,又反复思想这样问安是什么意思。天使对她说:'马利亚,不要怕!你在神面前已经蒙恩了。你要怀孕生子,可以给他起名叫耶稣。他要为大,称为至高者的儿子,主。神要把他祖大卫的位给他,他要作雅各家的王,直到永远,他的国也没有穷尽。'马利亚对天使说:'我没有出嫁,怎么有这事呢?'天使回答说:'圣灵要临到你身上,至高者的能力要荫庇你,因此所要生的圣者,必称为神的儿子(或作'所要生的必称为圣,称为神的儿子')。……马利亚说:'我是主的使女,情愿照你的话成就在我身上。'天使就离开她去了。"(《圣经·新约·路加福音》,第1章,第26—38节)

依照伪经的记载,圣母出身于大卫王的家族,她的父母是义人雅敬与安娜,他们以极深的宗教精神教育自己的女儿。圣母从3岁起在耶路撒冷圣殿受教育(十二大节日之一即为圣母进殿节),12岁时许下不结婚的誓约,人们为她找到了未婚夫约瑟(净配),使她永葆贞洁。在圣母领报节以后,圣母刚一显露出怀孕的样子,天使就来到约瑟面前,告诉他马利亚是贞洁受孕,并无过错。从此以后,约瑟就成为圣母和她的幼子神人的保护者。圣母去世(安息)以后,按照她的儿子耶稣基督的旨意,成了人类之中唯一肉体升天的人,并成为尘世在上帝面前的庇护者。圣母作为一个完美的人,用自己的道德力量扼制罪的产生和人类对上帝的背离。东正教信徒深深地崇仰圣母。在东正教中,圣母被形而上地视为整个更新了的人类之母,她以自己的谦卑、安息和升天预先决定了人类最终的改观和救赎。正因为如此,教会对圣母的崇仰胜过对所有的圣徒。

在俄罗斯,对圣母的敬拜获取了特殊的意义,尤其是确定了圣母庇护日(圣母帡幪节),这是基督教世界绝无仅有的,并且圣母的圣像在俄罗斯被全民尊奉为圣物。而在基督新教中,实际上完全没有对圣母的神学——神秘主义的认识,也没有将其封圣的祈祷。天主教

中童贞女马利亚成圣的形式，从东正教的观点来看，显得过于感性和自然主义。他们将圣母称为上帝的荣耀、神圣的玫瑰，即天堂的一朵小花和纯洁与贞节的象征，这与东正教的理念格格不入。此外，在天主教的传统观念中，圣母的神圣仅局限在贞洁受孕这一教义中。按照天主教于1854年确立的教义，圣母是以超乎自然的方式受孕的，也就是说，她遵从天意被排除在人类之外，在出生之前就摆脱了原罪。东正教会认为这一教义贬低了圣母的道德完善。

身体
Тело

又称躯体，是所有受造生物的外壳。它有别于灵魂和灵，是使我们有可能在世界上存在和行动的躯体。在东正教的传统观念中，"身体"和"肉体"两个概念有明显的区别，这种看法源自于使徒保罗。依照其观念，肉体是身体的粗陋物质组成部分，受死亡和腐烂的支配；而身体是肉体的构成形式，与灵魂紧密相联，与精神生活相适应。从这种理念而论，把天使称为无肉体但不是无身体的灵是对的；而人既有灵又有身体，并且由神所赐。在东正教会看来，肉体的产生与人类始祖的堕落这一事实相关，并且上帝把这个粗陋的覆盖物赐予人类（堕落的人）是出于善意。圣主教伊格纳季指出，地上生命的物质身体对于灵魂所起的作用，犹如褟褓对于新生婴儿，被身体包裹的灵魂同灵的世界分开了，它通过研究基督教获得了区分善恶的能力。在灵与肉体的关系方面，具有重要意义的是神学对圣餐礼仪的诠释。因为在圣餐礼仪中，发生了基督不可分割的统一身体向肉体可无限分割的圣事的转化，它被分成无数份圣餐；与此同时，这使得基督完整的身体又存在于每一份肉体之中成为可能。神学家们一再强调，身体是灵的工具，灵的状态决定着身体的形式。东正教把身体理解为灵必不可少的工具，将身体和肉体做了原则性区分。宁静主义者甚至把身体和灵的关系视为受造物与上帝的关系，这实际上是对世界和人的身体因素在与上帝的关系中的肯定。东正教不主张消灭身体，它抨击的是肉欲和低级本能，同时渴望世界的更新和圣化。

神 迹
Чудо

又称奇迹，指超越人类认识的自然规律或人的自然力

量而发生的事件或现象,它的产生是由于人的超自然能力或上帝的无所不能。神迹是对自然过程常规的违背。在基督教的理念中,神迹是无法解释的现象,这可能是由于上帝以自己的意志消除了自然的规律,以便将自己的旨意告知世界。基督教神学对神迹的特征做了如下概括:它是现实实际存在的事实,具有超自然的必然性和本质的不可认识性、超理性和超规律性,但不是反理性和反规律性的。神迹的作用是使人得救,它与个人的信仰密切相关。这是因为施神迹是为了巩固人的自由信仰,而不是为了使不信仰基督教的人非自愿地从表面接受信仰。

神秘论
Мистика

神秘论通常指人对世界理解范围之外的含有特殊隐秘

意义的认识论。维特根斯坦说:"确实有不可表述的东西。这是自己表明出来的,这就是神秘的东西。"(《逻辑哲学论》)他认为,神秘论产生于将世界作为整体的感受,是一种宇宙意识。神秘论不仅是内在论的,而且是超验的。它证明,至高的上帝与世界有某些相近之处,人有他神秘的内心深度,正是通过它打开通向上帝之路。在基督教的传统观念中,神秘论与同上帝的直接交流、对圣言的领悟和对圣灵赋予生命力的知觉的经验相联系,还与在爱中与圣父和在感恩礼中与圣子的合一相联系。启示既是秘密,又是它的某种显现。依照俄罗斯东正教哲学家Γ.Π.费陀托夫的看法,神秘论者是"特殊神秘生命的荷载者,他有永不止息的爱的苦行、禁欲和不断的祈祷"。这里没有感情用事和浪漫主义,完全是宗教的理解——献身精神会成为人自由的来源,并且是与至高的上帝相遇,使人发生深刻的改变,引导人去实现上帝的旨意,牢固地树立谦卑、爱和服务精神。但有的俄国宗教哲学家认为,当今,"神秘论成为当代灵魂混乱的同义词",很容易变成故弄玄虚,而它"应该成为世界更新了的生命"(H.A.别尔嘉耶夫)。

神秘主义
Мистицизм

神秘主义是倡导于理性之外，在与上帝相遇的精神经验中去寻找真理的学说的统称。此外还有一种不常见的理解，将神秘主义视为在与无法用语言表达的力量相遇时所取得经验的理论化。神秘主义分为秘传的和公开传授的两种：秘传的神秘主义只有通过一定的准备并举行过成年仪式的人才能获取，而公开传授的神秘主义不受这种限制。神秘主义的赞成者确信，通过直觉，在超自然的领悟、启示、对上帝的归附和与上帝的精神联系中，可能获取对此在世界之外现实的真正知识。Г.П.费陀托夫认为："没有爱的神秘主义会成为魔法。"

神权政治
Теократия

所谓神权政治，指的是由宗教首领执掌国家政权的政治制度。持不同政治和宗教观的人对其态度各不相同。俄国宗教哲学家 B.C.索洛维约夫对这一概念做出了在俄国具有相对权威性的阐释。他认为，世界历史进程的目标就是在地上实现上帝之国，在地上完美地体现天上之道，在人的世界实行上帝的律法。依照他的看法，通向神权政治的道路即是历史进化之路和教会政治之路。到了晚年，他对自己的理论做了修正，指出：世界社会历史和文化的进化并非迈向神权政治，而是通向敌基督帝国；在堕落的世界上不可能实现真正的神权政治。法国宗教哲学家J.马利丹则进一步指出：神权政治乌托邦要求整个宇宙都"处在上帝的政治统治之下"，而这种说法与基督所说的"我的国不属这世界"（《约翰福音》，第18章，第36节）的意思完全相悖。

神 人

Богочеловечество

又称神人合一。依照基督教教义，基督教的本质就是完美的神（上帝）与完美的人在基督中的合一。В.С.索洛维约夫的宗教哲学认为，全人类和整个宇宙在漫长的历史进程中，都被吸引到基督的道成肉身所成就的神人合一中来。他强调指出神人合一中人的意义以及神人合一在人及其文化精神发展中的作用：神人在历史上逐渐开启了人本性的所有正面能力，以使其达到成熟和完善；神赐的力量越来越充分地进入到世界中来，人在自己的活动中得以实现上天的真理。神人合一补充了独立自在的人道主义的内涵。索洛维约夫的神人概念也存在一些不甚清楚而且不太有说服力的方面，诸如：神人的神秘中心是索菲亚，其尘世形式则表现在基督教的文化、预言及普世神权政治中。这位宗教哲学家还认为，确立神人合一的理想意味着在地上实现上帝之国，他将其视为基督教信仰者的使命和最高任务。索洛维约夫说："作为神人合一的基督教以神的行动为前提，同时也要求人付出行动。从这一方面而论，实现上帝之国不仅取决于上帝，而且取决于人，因为显而易见，人的精神重生不能脱离人自身，不可能只是外在的事实，它是人应该完成的自己肩负的任务。"由此，索洛维约夫既批评了西方的不信神，又批评了东方的无人性的宗教性。

神圣罗斯
Святая Русь

　　神圣罗斯是东正教俄罗斯传统的主要精神象征形象，它历史性地决定了俄罗斯人民自我意识的独特性。这个形

象在一系列具体的观念、事件和宗教象征中都有表现。就其基本涵义而言,这个象征性形象同神圣的(即非尘世的、神的、上天的)和地上具体的国家相联系,使尘世的国家神圣化,将其置于神恩的庇护之下,以此使俄罗斯的生活和俄罗斯人的灵魂追求朝向上帝。神圣罗斯的象征意义可以从三个方面来理解:其一,俄罗斯土地神圣性的观念,它被教堂、圣像、苦行修道和圣者的遗骨神圣化,受圣母、天上的祈祷者和庇护者的护佑;其二,神圣罗斯是捍卫地上神圣信仰的虔诚的东正教国度;其三,它是持东正教信仰的俄罗斯人民的共同灵魂,在谦卑的祈祷中努力靠近上帝,满怀激情地追寻上帝之国。神圣罗斯意识的形成是由于俄罗斯人恪守东正教信仰的宗旨——改变和救赎世界,不仅将个人和人民,而且将俄罗斯的大自然及这片土地上生存的一切都与上帝联结起来。神圣罗斯的象征是以其具体的民族面貌对革新的世界和人类的预见。

神圣罗斯的宗教民族理念形成于16世纪,正值俄罗斯东正教弥赛亚主义的鼎盛时期,它与"莫斯科——第三罗马"学说的形成紧密相关。依照这一学说,莫斯科国家是上帝真理的王国,能够接受人类的一切精神和文化财富,承袭东正教的虔诚传统。

从广义上而言,神圣罗斯还是俄罗斯东正教圣物的统称。

神圣性
Святость

"神圣性"在东正教中有两个含义:一是作为上帝精神本性、力量和荣耀的光、光辉和纯洁;二是东正教徒存在的充满神恩的至高状态,他得到圣灵的恩典,获得救赎,在事奉上帝和人时享有严守教规的声誉。格列高利·帕拉马说,圣者是圣灵的工具,吸取了与其相同的力量。圣者从上帝那里获取了治病的能力、创造神迹的力量和智慧，致力于传递圣灵，而圣灵通过圣者赐予那些被圣化的人。在伦理方面，神圣性是道德的纯洁与灵魂的完美和无罪。

神 学
Богословие

这里所说的神学是基督教神学，主要是东正教神学。可以认为，神学是关于上帝的系统学说，是对基督教教条、信经、宗教道德戒律和信徒生活准则等的学术论证。这一

学说的基础是教会作为启示的圣书文本,而所谓启示,是指上帝关于自身的证明,它沿着圣传的轨迹,也就是教会的宗教经验而形成。基督教神学产生于1世纪中期,早在使徒保罗的书信中就出现了萌芽,而约翰在其所著的《约翰福音》中宣扬了在整个基督教历史上不断得到发展的重要思想,正因如此,他很早就被称为神学家。东正教神学的奠基人被认为是耶稣基督及其使徒,而神学理论的创立者是东方教会的教父及苦行修士。东正教神学思想的突出特点是:它将否定神学置于首位,不把上帝理解为无人格的存在,而将其视为理性无法认识的有人格的神,以此强调基督徒必须与上帝及非受造力量进行宗教交流,而不要致力以求对上帝的认识。依照东正教的传统,没有与上帝交流的神秘主义经验的人不可能真正了解上帝。而与此同时,东方基督教世界的神学还广泛利用了希腊哲学家的经验,在4—17世纪的神学争论中,高度发展了思辨的论证,建构了神学思辨论证体系。

在东正教神学形成的过程中,起到异常重要作用的是4世纪被称为卡帕多基亚人(因小亚细亚的卡帕多基亚地区而得名)的神学家小组。为首的是圣大瓦西里,其他成员还包括他的挚友神学家格利高里、他的弟弟尼斯的格利高里等。他们将自己的一生都献给了对基督教启示内容的探索，既是学者，也是主教。在东正教世界观的形成方面，宣信者马克西姆发挥了重要作用。随着他的辞世（662年），教父学时代也走向了终结。在这个时期，教父们的著作对教会教义学说的形成做出了极大贡献。大马士革的约翰（7—8世纪）结束了这一时代，他成为使此前各时代神学经验系统化的主要人物。此后，东正教神学得到不断的发展，主要宗旨是在新的历史条件下捍卫和完善教会已经形成的学说，以对抗西方基督教世界的思想压力。在这一方面，新神学家圣西麦翁（11世纪）起到了显著作用，他是拜占庭最伟大的神秘主义神学家之一。此外，格利高里·帕拉马（14世纪）还重新确证了东正教世界观中神学神秘主义因素的优势，使其免受西方经院哲学的影响。

在许多个世纪的历史中，东方基督教的宗教神秘主义和宗教象征主义神学表现出比西方神学更为自由的特征，没有西方神学对刻板系统性的追求和对抽象概念的过分偏好，以及各种关于上帝存在的证明。东正教思想的这种内在自由并非是轻视人的理性理论才能的结果，而是教会教父受上帝启示的宗教经验优越性的证明，它优越于一般哲学智力所拥有的认识经验。尽管在拜占庭衰败以后，东正教思想的发展经历了很大困难，并在1917年十月革命时期遭受了毁灭性的打击，又受到西方神学的影响，但俄罗斯的东正教神学还是忠实于固有传统，并且坚持不断的自我完善。

在当今时代，东正教神学已成为各种神学学科的体系，致力于揭示、论证和捍卫信仰学说及东正教会仪典传统，促进系统中各类因素的发展。其中包括：教义神学，其内容是论证上帝的确立和基督教教义的绝对真理性；道德神学，揭示了基督教道德准则的本质和个人为获得救赎应遵守这些准则的必要性；比较神学，论证了东正教神学较之基督教其他门派的优越性；神甫神学，揭示了神职人员实践活动的各个方面，以及其他带有实践性质的学科等。

神学课
Закон Божий

该术语有两个含义：一同上帝的十诫；二是十月革命以前俄国中、小学校必修的神学课，由神职人员讲授，使学生了解《圣经》的内容、东正教的仪典规范、主要祈祷文、上帝的训谕和教会的历史等。现今俄国的神学课在主日学校，偶尔也在普通学校讲授。

神职人员
Священнослужители

东正教会的神职人员是被授予圣职的教会成员,他们通过授圣职仪式获得教导信徒基督教教义的宗教权利,并享有神恩主持圣事,或直接参与圣事的举行。东正教的神职人员分为三级:主教、司祭和辅祭。主教和司祭有权并有职责主持圣事,辅祭直接参与圣事的举行。东正教会要求神职人员的道德品质必须与其职位相符,并指出,神职人员可能有的常人的缺点对他们在主持圣事时的作用没有影响,因为在举行仪式时他只是上帝的工具。东正教的神职人员与上帝的子民有机地密切联系在一起,他们在广大信众的参与下主持所有的圣事,同民众融为一体并与他们意见一致。

S

圣阿封山 *Афон*
圣彼得·莫吉拉 *Пётр Могила*
圣餐 *Благодарение*
圣餐礼 *Евхаристия*
圣成德者 *Преподобный*
圣传 *Священное предание*
圣大瓦西里 *Василий Великий*
圣诞节 *Рождество Христово*
圣髑 *Мощи*
圣弗拉基米尔 *Владимир Святой*
圣化 *Обожение*
圣祭品 *Дары Святые*
《圣经》 *«Библия»*
圣经诠释学 *Экзегетика*
圣灵 *Дух Святой*
圣灵恩赐 *Харизма*
圣母安息大教堂 *Успенский собор*
圣母安息节 *Успение Пресвятой Богородицы*
圣母庇护 *Покров Пресвятой Богородицы*

圣母诞辰节 Рождество Пресвятой Богородицы
圣母进堂节 Введение во Храм Пресвятой Богородицы
圣母领报大教堂 Благовещенский собор
圣母领报节 Благовещение Пресвятой Богородицы
圣母像 Иконы Богородичные
圣三位一体 Святая Троица
圣三一谢尔盖大修道院 Троице-Сергиева лавра
圣事 Таинства
圣徒 Святой
圣徒传 Жития святых
圣瓦西里 Василий Блаженный
圣瓦西里大教堂 Храм Василия Блаженного
圣像 Икона
圣像壁 Иконостас
圣油 Елей
圣愚 Юродивые
圣职 Духовенство
索菲亚 София

圣阿封山
Афон

又称圣阿托斯山，位于希腊东北部一个半岛上，被视为东正教修士生活的中心，在教会文献中获得了"圣山"的称号。首批基督教修士到圣阿封山的时间是在6世纪。如今，那里有20个修道院（其中有17个希腊修道院和3个斯拉夫修道院）。俄罗斯东正教会在圣阿封山有一座名为圣庞德雷蒙的修道院，它建于1080年，由25座教堂和70个隐修区构成。圣阿封山以修道生活的严格禁欲主义而著称，女性不得入内。圣阿封山修道院的图书馆中藏有极其珍贵的各种希腊语和斯拉夫语的著作手稿。

圣彼得·莫吉拉

Пётр Могила

圣彼得·莫吉拉（1596—1647）为基辅兼加里西亚都主教，本名为彼得·谢苗诺维奇·莫吉拉。他是致力于俄罗斯和乌克兰东正教会复合的最伟大的东正教活动家之一。彼得·莫吉拉的父亲曾为瓦拉几亚公（1601—1607），后为摩尔达维亚公（1607—1609）。1612年彼得·莫吉拉举家迁往波兰，投奔那里的亲戚。彼得·莫吉拉曾就读于利沃夫宗教社团附属学校，受到严格的东正教精神教育，坚决反对宗教联合。后来，他到国外去深造，在多所大学听课，精通拉丁语和希腊语。学业结束以后他先在军队供职，参加了霍京战役，后在基辅都主教约夫·博列茨基的影响下接受了教职。1627年彼得·莫吉拉被选为基辅洞窟修道院院长，约夫在去世之前将自己的图书馆遗留给了他。1632年，他作为基辅人在华沙的代表，参加了波兰国王弗拉基斯拉夫四世的选举。经过彼得·莫吉拉的努力斡旋，东正教会获得了与合并教会同时存在的合法地位，其条件之一是罢免多位以前选出的主教并重新进行主教选举。彼得·莫吉拉后出任基辅都主教，并保留大修道院院长职务。此后，他使一些修道院和教堂从合并教会重新回归到东正教,其中包括索菲亚大教堂和维杜别茨基修道院。彼得·莫吉拉还修复并重建了古老的圣弗拉基米尔救主教堂,以及移交给宗教社团修道院的三圣徒教堂。他还想把莫吉拉学校更名为基辅莫吉拉神学院,虽然未获成功,但这所学校的教师队伍不次于欧洲的大学。圣彼得·莫吉拉的代表作为《东正教普世基督徒的信条和信仰简论集》。他的纪念日为公历 1 月 13 日。

圣 餐
Благодарение

所有基督教信仰都承认的教会主要圣事之一,在希腊称为"感恩祭献",在大祭礼仪中举行。在这种感恩祭献的大祭礼仪中,面包和葡萄酒将成为救主的真实身体和血。与东正教和天主教教会不同,新教教会不承认这种改变,只承认面包和葡萄酒象征着基督的肉体和血。此外东正教与天主教教会对这一大祭礼仪中的一些细节也持不同看法,如东正教在祭礼中所食用的面包是发酵面包,而天主教所食用的是未发酵的面包。

圣餐礼
Евхаристия

圣餐礼是基督教的礼仪，领圣餐是基督教圣事中最主要的仪式之一，通常只能在教堂进行，在极特殊的情况下（如教堂被毁坏）也可在家中进行，但必须铺上祭布。依照东正教和天主教教会的学说，在领圣餐的仪式中，面包和葡萄酒化为基督真正的肉体和血。东正教认为，圣餐礼是教会生活神秘主义的中心，是最大的圣事，应该以最虔诚的态度尽心尽力地进行这一仪典，直至世界末日。圣餐礼由主教或神甫主持。在仪典的进行过程中将形成信众内

心深处的完全一致,他们如同基督的身体一般组成了教会。在东正教的这一圣礼中,领取圣餐必须是空腹,并在完成忏悔之后。

圣成德者
Преподобный

圣成德者即修士圣徒,指生前为修士的受封圣者,是圣修士的一个等级。受封圣者得到圣灵的恩典,成为修士生活的道德典范。

圣 传
Священное предание

圣传是东正教会宗教经验的神圣传承,既包括被教会意识认可的历史成就,也包括处在不断发展、承袭和丰富中的宗教实践经验。圣传发端于最早的使徒教会,远古时具有隐秘的秘传性质。教会内的生活和教会圣事是秘密,不对非基督徒开放。教会内进行的圣事不允许持不同信仰的人出席,圣事的救赎意义只对出席的信仰者有启示作用。

所以，口头流传的宗教经验在当时具有十分重大的作用。在基督教合法化和获胜的时代（4世纪起）圣传已经有了书面的形式，在《圣使徒课经》《圣徒传》、古代文献、礼仪、教会活动、圣教父和教会教师的著述中都有体现，形成了东正教许多世纪以来有深远传统的基础。由于东正教不去硬性区分教义的共性意义和个人的基督教神学神秘主义因素，圣传在东正教会的生活中具有巨大的意义。它是教会聚议性及其隐秘宗教性的保障，成为理解圣书和教义的钥匙，并且在神圣性的实际经验及教会成员的个人交往与事工中继续传承下去。

圣大瓦西里

Василий Великий

圣大瓦西里（约330—379）是圣徒，基督教教义的诠释者，卡帕多西亚之凯撒里亚城总主教。他出身于显贵的富有家族，曾在圣山学习，是卡帕多西亚神学家小组的首领。他从新柏拉图主义哲学的视角对基督教学说的关键问题做出了阐释，提出了对上帝的象征主义认识的问题，所持的原则是上帝按其本质的不可认识性和其力量的可传递性。正是他提出了三位一体上帝的三个位格与父同性同体的准确定义。圣大瓦西里集深厚的哲学知识、神学智慧和修士的苦行修道于一身。他在凯撒里亚城附近建立了一座修道院，制定了修士生活规则，后来这些规则被东方基督教的所有修道院遵行。圣大瓦西里同阿里乌斯异端进行了坚决的斗争，后者认为上帝之子不是上帝，不与父同性同体，而只是上帝的至高受造物。他的著作《创世六天说》包含了基督教宇宙论的基础，在古罗斯广为人知，书中还有许多祈祷文、基督教生活和礼仪的规则，直至当今仍被采用。东正教会把圣大瓦西里视为伟大的和普世的导师。他的纪念日为公历1月14日。

圣诞节

Рождество Христово

圣诞节是东正教的十二大节日之一，旨在纪念耶稣基督在伯利恒的诞生，节期为公历1月7日。为了庆祝这个节日，信徒要在节前进行40天的斋戒。节日的前一天或者前夜要实行分外严格的斋戒，依照教会的规章，这一天应该进食甜麦粥（用水浸泡了的干小麦做的粥）。按照东正教信徒的习俗，这一天的斋戒一直持续到晚上星星出来的时候。5世纪君士坦丁堡牧首阿纳托利、7世纪耶路撒

冷的索福罗尼和安德烈、8世纪大马士革的约翰等都为圣诞节写过圣歌，这些圣歌至今仍在教会被传唱。早在4世纪，对于如何庆祝圣诞前夕就有了明确的规定，如果圣诞节前夕是礼拜日，古时便要举行沙皇时辰颂祷，祝愿沙皇长命百岁，祝福执政的整个皇室和所有的东正教徒健康长寿。在这一圣礼仪式中，教会要回忆《旧约》中与救主的诞辰有关的预言和事件，下午要进行圣大瓦西里大祭礼仪。如果这一天不在礼拜六和礼拜日，则要进行金口约翰大祭礼仪，沙皇时辰颂祷则移至前一周的礼拜五进行。彻夜祈祷由大晚祷开始，教会用先知的歌曲《上帝将与我们同在》来表达自己的快乐。算上节前一天和节后一天，圣诞节共12天。《福音书》中关于圣诞节的讲述并不多，所以伪经、传说和民间诗歌对其做了补充，它们对古代文学和圣像画产生了极大的影响。

圣髑
Мощи

圣髑是苦修圣徒的遗骸,它经常是不腐朽的,有时还会浸出香膏。在东正教中敬拜圣髑不是因为它本身的神奇力量,而是因为这种崇拜能够使信徒获得圣徒祈祷的帮助,与神恩的源泉相遇,而神恩拥有医治精神和肉体疾病的作用。在东正教的观念中,人的肉体不是某种外在于精神和完全受死亡控制的东西,而是它自身的工具,是精神和灵魂不可缺少的"容器",它能够使信徒面貌改观、复活和获得永生。死亡不能破坏人的肉身与不朽的精神基础之间的隐秘联系,对于圣者尤其如此,这就是东正教会敬拜圣徒遗骸的原因。此外,东正教会要怀着虔敬保存圣髑,确立为获得圣髑和迁移它们的神圣礼仪。东正教会要在圣髑之上修建教堂,并将圣髑的一部分置放在圣坛的基底,还要将部分圣髑缝在举行大祭礼仪所用的圣祭台布中。

圣弗拉基米尔
Владимир Святой

圣弗拉基米尔（约960—1015）是相当于使徒的基辅大公，斯维亚托斯拉夫的儿子，相当于使徒的圣奥尔嘉大公夫人的孙子。圣弗拉基米尔是古罗斯的施洗者，988年使古罗斯接受了基督教洗礼。受洗时大公得名瓦西里。他在执政时期认识到古罗斯接受基督教信仰的必要性，便率先在赫尔松接受了洗礼，然后与希腊的安娜公主结了婚。安娜公主是拜占庭皇帝巴西尔和君士坦丁的姊妹。圣弗拉基米尔从赫尔松将最早的基督教神父和教会仪典所需的东西带到了古罗斯。这些神父在第聂伯河的水中为基辅的所有居民施洗，这成为古罗斯具有巨大历史意义的事件。从此以后，圣弗拉基米尔开始致力于基督教信仰在其所辖之地的传播。他在基辅修建了圣瓦西里教堂和圣母"十一税"教堂，同时在基辅和其他城市建立了学校。圣弗拉基米尔本人受洗以

后，在妻子的影响下，成为一位真正的基督教信徒，在国事和家庭生活中都堪称基督徒的典范。他的圣髑被安置在"十一税"教堂中。

13世纪，遵照亚历山大·涅夫斯基的命令，弗拉基米尔被封圣。1782年叶卡捷琳娜二世设立了相当于使徒的圣弗拉基米尔四级勋章，用以奖励为国家做出突出业绩的人和机构。1957年为了纪念俄罗斯东正教会牧首制恢复40周年，设立了圣弗拉基米尔三级勋章，以奖励个人和整个教区及教会机关。圣弗拉基米尔的纪念日为公历7月28日，罗斯受洗纪念日为公历8月14日。

圣化
Обожение

圣化是关于人在上帝非受造力量的作用下获得救赎、归附上帝的东正教神秘主义学说，依照这一学说，人向上帝的归附促进了他被造本性的改变，使人不是自然地而是通过接受上帝的恩典达到圣化。东正教信仰的学说认为，人的使命和受造世界存在的终极目标是圣化，这是上帝的旨意。然而，圣化的实现不能没有个人的意志和他对改造自己本

性的迫切要求。圣化是上帝恩典作用的结果。人的完全圣化只有在死人复活后才能实现，但它能够而且应该在人活着时以预备的形式来进行，作为尘世生命的标志和未来永恒生命的准备。

圣祭品
Дары Святые

又称圣体血，原本是小麦粉做的面包和红葡萄酒，经过圣化并由上帝所赐变为感恩祭献的圣事中基督耶稣的圣体血。在东正教的教义中，信徒所领圣餐的每一部分都有基督作为完美的上帝和完美的人的存在；因此，东正教信徒对圣祭品应持有与对基督耶稣同样的敬意和崇拜。在化为圣体血以后，面包和葡萄酒将永远是上帝的圣体和圣血。东正教对这一信仰坚定不移，自古以来就有一连几天提前举行祭品圣化的大祭圣礼。为了制作预先圣化的圣祭品，要将圣化并被切割成碎块的祭羊浸泡在圣化的葡萄酒中，晾干以后将其放在圣体血龛中。

预先圣化的祭品有时会在教堂外赐予生病的人们。

《圣经》
«Библия»

《圣经》是由圣书组成的集子，是阐述基督教信仰的主要圣书，由《旧约》和《新约》构成。承认《旧约》为圣书的不仅仅是基督徒，还有犹太人。《旧约》由50卷书组成，撰写语言为古犹太语，即希伯来语。从公元前13世纪开始直到公元1世纪为此写为一本完整的全书。东正教会只承认《旧约》其中的39（一说38）卷书，认为正

典中的一些地方并非正经。例如《马加比三书》被认为是非正经，因为它们不是按照上帝所赐灵感所写，而是遵从了犹太史学家的构想。但东正教又认为《马加比三书》是有益的，可以借鉴，虽非正经，但对其并不完全排斥。《简明基督教全书》（马可·泰勒编，李云路等译）将其列入《旁经》。《新约全书》用希腊语写成，写作时间为公元前1世纪下半期至公元2世纪末。它只被基督徒承认为圣书，由27卷书构成，包括四卷《福音书》《使徒行传》《使徒书信》和《启示录》。新约的作者有8位：马太、马可、路加、约翰、彼得、保罗、雅各和犹大。东正教会承认《新约全书》的全部27卷书为正经，将其视为基督教信仰教义的基本源泉。东正教不仅注重《旧约全书》和《新约全书》之间密不可分的一致性，而且重视《旧约》和《新约》之间的不同价值。只有《新约全书》才是基督教信仰的源泉，而《旧约全书》只是基督教创世者启示的真理的宗教思想准备。《旧约全书》中有对基督将出现的预言，还有许多原型和预兆，保存着对创世者的神启的真理，还有对人、罪、救赎的必要性及即将降临的救主的真理。东正教会的神学和礼拜充满了宗教史和宗教意识的"新旧约"之对比：亚当—基督；夏娃—圣母；地上乐园—天堂；感受死亡—领受永恒生命的圣餐；善恶树—赋予人生命力的十字架之木；从大洪水中得救的物质手段挪亚方舟—充满世界的罪恶海洋中作为精神救赎的基督教会;亚伯拉罕的3个天使般的人(其中一位是耶和华)—圣三位一体的福音真理;等等。依照殉道者圣马克西姆的说法,《旧约》是身体,而《新约》是灵魂、智慧和精神。古罗斯在接受基督教时得到的《圣经》是斯拉夫语的,由斯拉夫人启蒙思想家基里尔和梅福季所译,包括《新约》和《旧约》。第一部斯拉夫语《圣经》正式出版于1581年,俄语标准语的《圣经》正式出版于1876年。

圣经诠释学
Экзегетика

圣经诠释学是诠释圣书文本(首先是《圣经》)的神学学科。东正教的圣经诠释学与神秘主义神学、传统精神和聚和性密切相关,而决定这些因素的前提是对圣书的宗教象征主义理解,依据的是圣传中反映出来的教会活动的实践经验。天主教圣经诠释学的突出特点是忠实于思辨神学的系统诠释,将圣书文本视为建构理论神学体系的必备材料。基督新教的圣经诠释学从其对教会圣传的固有否定态度出发,倾向于对圣书意义的理性科学诠释,依靠个人的悟性。20世纪40—50年代,基督新教神学家鲁道夫·布尔特曼提出在现代人意识的语境中来诠释《圣经》的思想。这种方法被称为"非神话化理论",它对宗教意识资料的分析与哲学人类学没有多少区别。实质上,这种诠释是在淡化《圣经》的超时间性、宗教礼仪和神启等方面的内容。

圣 灵
Дух Святой

圣灵是圣三位一体的第三个位格,即上帝的灵。《圣经》中明确教导说,圣灵是有别于圣父和圣子的上帝。《约翰福音》第15章第26节中记载,耶稣说:"但我要从父那里差保惠师来,就是从父出来真理的圣灵"。这就意味着,圣灵来自于圣父,由圣子派遣而来。关于圣灵的教条并未很快获得准确的定义。东正教捍卫关于圣灵的最初神秘主义含义,指出,最初圣灵只是由于耶稣基督的到

来，通过他在十字架上的死和对信众的庇护向人们充分显现。关于圣灵的来源，东正教与天主教的神学家在看法上有重大分歧。神学家德尔图良和奥利金认为，圣灵既属于圣父又属于圣子，但同时又认为，圣灵的神的本质使其高于所有被造物。而《尼西亚-君士坦丁堡信经》肯定圣灵是神，没有在此之外添加任何定义。圣大阿法纳西和圣大瓦西里及圣格里高利明确地阐述了圣灵与圣父和圣子同性同体的学说。西方天主教公认圣灵既来自于圣父又来自于圣子，并在《尼西亚-君士坦丁堡信经》中对此做了补充说明；东正教神学对此持批判和抵制的态度：这成为了东西方教会的重要分歧。君士坦丁堡牧首福季于879年谴责了对《尼西亚-君士坦丁堡信经》的背离，整个东方教会都赞同牧首福季对西方教会的批评。

教会为圣三位一体的第三位灵的封圣是在五旬节后第二天的圣灵节。

圣灵恩赐
Харизма

圣灵恩赐是神学术语，意为圣灵恩赐的超凡能力。圣灵恩赐的超凡能力最早于五旬节这一天在耶路撒冷洒向使徒，从此它不断地洒向基督教会的信徒。圣灵恩赐的超凡能力作为神赐，是主教、祭司和辅祭履行宗教职务的根基，决定着教会神职人员教阶的等级，同时扩及平信徒。每一个基督教信仰者，包括没有神职的人，只要他所从事的是基督教认为正当的工作，都能得到圣灵恩赐的能力和教会的祝福。拜占庭和俄罗斯历来特别重视沙皇的职位，教会通过一种特殊的礼仪——登基加冕礼来授予沙皇职位。由于东正教不直接把获得神赐同人的功绩联系起来，而把它视为无限仁慈的上帝的自由恩赐，教会对任何信徒的宗教天赋都十分敏感，无论是教会职位很高的主教，还是没有祭司教职的修士，抑或是平信徒和地位低下的圣愚。那些特别突出地体现出有圣灵恩赐超凡能力的人在东正教会中被称为长老，在生前他们就因非凡的精神品质而受到全民的膜拜。通常圣灵恩赐分为三种：其一为启示的能力，包括其智慧、知识和辨别诸灵的本领；其二为施神迹的能力，包括信德、神迹和治病的能力；其三为语言的能力，即懂得其他各民族的语言并能说方言和翻译方言。

圣母安息大教堂
Успенский собор

圣母安息大教堂位于莫斯科克里姆林宫城墙内，是莫斯科最古老的教堂之一。最初建于 1326 年，在伊凡三世执政时期，教堂因破损不堪而被拆除，1472 年开始重建。但由于建筑材料不好和砖石砌体不牢固，已建到拱顶的教堂于 1474 年坍塌下来。伊凡三世从威尼斯请来建筑师按弗拉基米尔教堂的样子重新修建。1479 年终于建成。

这座教堂命途多舛，多次遭到火灾和侵入莫斯科的敌军（包括法国人、金帐汗国的鞑靼蒙古人和波兰人等）的破坏，教堂内的贵重物品、金银等多次被大量掠走，许多珍贵的圣像被烧毁。1812 年拿破仑攻占莫斯科，法国人掠走了 325 普特白银和 18 普特黄金（1 普特等于 6.38 公斤）。他们甚至企图炸毁这座教堂，但因其无比坚固而未得逞。

整个教堂建筑为长方形，西、南、北方的 3 个入口设有台阶，东部有 3 个半圆形的圣坛突出外缘。教堂有 5 个镀金圆顶，就圣像摆放的方式而言，这是一座普世教堂。在 5 层的圣像壁上绘有诸圣祖、牧首、先知、使徒、十二大节日和圣母节的景象，周围 4 根柱子上绘有圣殉道者。

教堂内穹顶绘有天堂,由普智天使支撑着,天堂中是万物的主宰洒瓦奥夫(希腊语"万军之耶和华"或"万军之主"的音译,该名词源自希伯来文,是《旧约》中上帝的名字之一)。下面一排的圣像中摆放的是俄罗斯东正教最著名的圣像。教堂里安放着供敬拜上帝者瞻仰的圣徒保罗、腓利普和约拿的圣髑,密室里藏有圣徒福季、基普里安和费奥格诺斯特的圣髑。都主教格隆季、西蒙、马卡里和阿法纳西的灵柩位于教堂入口的左方,右方是历任牧首(尼康除外)的灵柩。

圣母安息节
Успение Пресвятой богородицы

圣母安息节为东正教十二大节日之一，节期在公历 8 月 28 日。这个节日产生于 5—6 世纪，正值对圣母神性本质进行的神学争论结束之后，是为了纪念圣母如同安睡一般无痛苦的圣终。相传，耶稣基督被钉上十字架而死之后，圣母仍在耶路撒冷住了约 15 年，寄居在使徒、神学家约翰的家中。有一天圣母照常在主升天的橄榄山上祈祷，大天使加百列告诉她，不久以后她将与世长辞。除多马以外，所有正在各地布道的使徒都神奇地赶到圣母身边，为了同她告别并埋葬她的圣洁身体。他们是圣母安然长逝的见证人。主耶稣基督亲自迎接了圣母的灵魂。使徒们在客西马尼园埋葬了圣母的遗体，墓穴就位于圣母的父亲雅敬和母亲安娜及圣母的净配圣约瑟的墓边。葬礼后第三天,使徒多马来到耶路撒冷,他想向圣母的圣体敬拜,但墓室是空的,那里只有圣母的衣服。当天傍晚,圣母在无法形容的美丽光照中,在众天使的簇拥之下出现在使徒的公餐上。使徒们开始相信,圣母去世三天之后,圣子令其复活,使她同肉身一起升入了天庭。

圣母庇护
Покров Пресвятой Богородицы

也称圣母帡幪节。这一概念有两个含义:其一为圣母庇护,即信仰者受到圣母的护佑;其二为圣母帡幪节。该节日是俄罗斯东正教会的大节之一,节期在公历10月14日。节日的由来为:圣愚安德烈和他的门徒叶皮凡尼在君士坦丁堡的弗拉赫教堂礼拜时,看到圣母和一些圣徒及天使站在云端,圣母用她的帡幪遮盖了正在祈祷的百姓。据教会传说,这件事发生在910年。在东正教世界里,只有俄罗斯教会纪念这一节日。研究者指出,最早敬拜和庆祝圣母帡幪节的年代为12世纪初期。到14世纪,圣母帡幪的主题在古罗斯获取了愈益增大的宗教意义。而在16世纪伊凡雷帝统治的时代,圣母帡幪节已成为国家宗教的重要节日。

在对待这一节日的态度方面,俄罗斯东正教信徒表现出了他们独有的宗教观:他们要用自己的虔诚信仰和上天的神恩来抵御缺乏信仰的外部世界。

圣母诞辰节
Рождество Пресвятой Богородицы

俄罗斯东正教十二大节日之一,节期在公历9月21日。该节日是为了纪念童贞女马利亚的诞生。依照教会传说,童贞女马利亚的父母是圣雅敬和圣安娜。他们一直希望有一个孩子,并在向上帝祈祷时许下诺言——将出生的女孩献给上帝。当圣雅敬和圣安娜年纪很大时童贞女马利亚出生了,天使预先告知了她即将出生的消息和她的名字。确定这个节日的具体时间没有确切的记载,依照巴勒斯坦的传说,君士坦丁大帝的母亲圣叶莲娜为纪念圣母的诞生修建了教堂。这个节日算上节前一天和节后一天共庆祝6天。

圣母进堂节
Введение во Храм Пресвятой Богородицы

　　俄罗斯东正教十二大节日之一，节期为公历 12 月 4 日。这个节日是为了纪念至圣童贞女马利亚少女时代的圣迹。《圣经》中对此没有记载，所有的记述都出自早期基督教传说、《伪经·福音书》和教父的著述。从中得知，至圣童贞女的父母雅敬和安娜是严守教规的虔诚信徒，他们一直膝下无子嗣。后来，他们得到了上帝传下来的他们将要生子的应许，便许下诺言：将所生之子献给上帝。这种做法源自古犹太人习俗——将第一个孩子（无论男女）献给上帝，并且这些孩子中的一些要送到耶路撒冷圣殿去接受宗教教育，直至成年。向上帝献子的仪式在将孩童送进教堂时举行，这犹如成规和律法。依据传说，至圣童贞女马利亚在 3 岁时被送进了耶路撒冷圣殿，父母这样做是为了让她向上帝、圣物祈祷和接受宗教教育。马利亚在幼年之际就自愿献身耶路撒冷圣殿，每日诵读经书，并立志终身守贞以侍奉上帝。东正教会隆重地纪念这一事件，认为这是上帝拣选马利亚的标志，也是她无愧于圣母的精神之路的开端。就宗教教育意义而言，教会十分重视从童年时代起对人进行宗教教育的重要作用，认为这是人在追求真理和救赎之路上接受神赐的保障。为了纪念这一重要事件，古罗斯修建了十多座修道院。

圣母领报大教堂
Благовещенский собор

又称报喜大教堂，位于莫斯科，是俄罗斯沙皇的家庭教堂，它的首席司祭是沙皇的家庭忏悔神甫。这座教堂建于1484—1489年，正值伊凡三世执政时期，由普斯科夫工匠所建。当时建教堂的宗旨是为大公建一座专用的宫廷教堂，因此教堂与大公的豪华住宅相连接。教

堂正面的西门和北门饰有镀金雕花，门框里镶着13世纪的涂金铜门。教堂中有费奥多西的壁画（1508），圣像壁上还有安德烈·鲁布廖夫、费奥凡·格列克和普罗霍尔·斯·哥罗查等圣像大师的圣像画。

圣母领报节
Благовещение Пресвятой Богородицы

俄罗斯东正教十二大节日之一，节期为公历4月7日。依照东正教的说法，这一天，天使长加百列出现在至圣童贞女马利亚面前，向她宣告她要怀孕生子——他将是上帝的儿子，可以给他起名叫耶稣（《路加福音》，第1章，第26—38节）。圣母领报节的重要意义在于，马利亚由圣灵感孕怀上帝之子，不仅是上帝的意志，也是马利亚所接受了的，由此开始了神人化的时期，马利亚受孕的时刻成为神人贞洁成胎之时。圣母领报节出现在基督教历书中是在4世纪。

圣母像
Иконы Богородичные

圣母像在俄罗斯拥有特殊的宗教民族意义,被视为俄罗斯土地的护佑者和庇护者。在俄罗斯至今仍敬拜许多显灵圣母像,东正教教历中也有许多纪念圣母的节日。俄罗斯人最崇敬的圣母像有下列五种:一是《弗拉基米尔圣母像》。据传说,它是由《福音书》的作者之一路加在圣母在世时画就的。这幅圣像从耶路撒冷移到了君士坦丁堡,然后移到基辅,最后按圣母的神奇旨令移到了弗拉基米尔。这个圣母像的荣耀在于它赐予俄罗斯人多次战争胜利,如1395年这个圣母像从弗拉基米尔移到了莫斯科,将莫斯科从帖木儿的侵略中解救了出来。从1480年起,它一直被安放在莫斯科克里姆林宫的圣母安息大教堂中。该圣像的纪念日为公历6月3日、7月6日和9月8日。二

是《母仪天下的圣母像》。该圣像是沙皇尼古拉二世退位那一天（公历3月15日）在科洛姆斯科耶村的耶稣升天教堂里被发现的。圣母给村妇叶甫多基娅·安德里阿诺娃托梦，命她向村民传达圣母像的所在地，于是村民找到了这个圣母像。《母仪天下的圣母像》被视为东正教专制统治败落以后圣母对俄罗斯主宰的象征。这个圣母像保存在科洛缅斯科耶村的喀山圣母像大教堂里。它的纪念日是公历3月15日。三是《喀山圣母像》。1579年这个圣母像曾向喀山市民显灵，1612年被送到德米特里·波扎尔斯基的军队，1812年卫国战争中被送到俄军的战区。该圣像的纪念日为公历7月21日和11月4日。四是《波恰耶夫圣母圣像》，圣像的名称是为了纪念1340年圣母在波恰耶夫山的显灵。在波恰耶夫圣母安息大教堂里保存着许多圣母的神迹。该圣像的纪念日为公历8月5日和9月21日。五是《斯摩棱斯克圣母圣像》。据传说，这一圣像是使徒和《福音书》作者之一路加的杰作，希腊语称其为《示道圣母像》。17世纪，弗拉基米尔·莫诺马赫将其移至斯摩棱斯克，在那里开始称呼它的俄语名称。这一圣像保护了斯摩棱斯克免受拔都的破坏。它的纪念日为公历8月10日。

圣三位一体
Святая Троица

又称"圣三一",是基督教最根本的基础性教义。从基督教的神学理念而论,上帝在本质上是独一的,但是它有三个互相关联的位格:圣父、圣子和圣灵。统一的上帝同时属于三个位格,并为每一个位格所拥有。其中父是本源,子由父所生,灵来自于父。上帝的三个位格都参与了创世:圣父为有形和无形世界的创造者,通过圣子来实现他的恩惠和慈爱的力量,而圣灵使万物获得生命力。三个位格各有自己的独具属性:圣父是无界限、无开端、无法形容、绝无仅有和隐秘的绝对;圣子是逻各斯,即绝对的意义、圣父的形象、上帝的圣言(以耶稣基督来体现)和一切秩序及其表达的开端;圣灵是圣父的生命力,决定着一切律法、行为、圣子的道成肉身等方面内容的现实性和真理性。

首次把"圣三位一体"的说法引入基督教神学的是 2 世纪下半期的圣主教费奥菲尔·安提翁。这一学说随后逐渐建立起来。最早的相关启示可见于《圣经·旧约》,如《创世记》第 18 章中提到,亚伯拉罕的面前出现了三个天使,大多数教父,如亚历山大城的主教圣阿法纳西、圣大瓦西里、阿姆夫罗西、圣愚奥古斯丁等,都认为三个天使所象征的就是上帝的三个位格,并把他们向亚伯拉罕的显现视为上帝作为三位一体神对人的首次启示。后来,这成为了艺术家,尤其是圣像画家喜欢的创作题材。《新约》则十分明确地指出了上帝的三位一体性,这首先体现在主耶稣基督在约旦河接受施洗约翰洗礼的描写中:"耶稣受了洗,随即从水里上来。天忽然为他开了,他就看见神的灵仿佛鸽子降下,落在他身上。从天上有声音说:'这是我的爱子,我所喜悦的'"(《圣经·新约·马太福音》,第 3 章,第 16—17 节)。耶稣基督在复活以后,对门徒发出关于洗礼的诫命,直接指出了上帝的三位一体性:"所以,你们要去,使万民作我

的门徒,奉父、子、圣灵的名给他们施洗。"(《圣经·新约·马太福音》,第28章,第19节)三位一体的学说归纳起来有三个论点:第一,上帝是三位一体的神,三位一体性体现为上帝有三个位格:父、子、圣灵;第二,三位一体的每一个位格都是上帝,但他们不是三个神,而是统一的上帝;第三,三个位格以各自的属性相区别。很显然,这个教义是神秘主义的,不能用理性去认识,所以,帕维尔·弗洛连斯基说,三位一体的教义是"人思想的十字架"。为了接受这个教义,人必须放弃从自己有限的经验出发用理性去诠释一切的渴求。对三位一体教义的奥秘,我们只能得到部分认识,并且要借助于宗教精神生活的经验。对三位一体教义的信仰将基督教与犹太教、伊斯兰教等一神教区别开来。

"圣三一"还指圣三一主节,节期在复活节后的第50天,礼拜日。

圣三一谢尔盖大修道院
Троице-Сергиева лавра

俄罗斯东正教会最著名的修道院,14世纪30年代末由拉多涅日的圣谢尔盖在距莫斯科东北方70公里的地方修建。14世纪后半期,这间坐落在莫斯科近郊的规模不大的修道院成为东正教胜地,不仅在古罗斯,而且在拜占庭和其他国家都很闻名。它是吸引国家精神力量的重要中心,П.А.弗洛连斯基将其称为"俄罗斯文化首都"。修道院的活动促进了俄罗斯封邑众公的集中,有利于把罗斯从金帐汗国侵略者及波兰-立陶宛武装干涉者的奴役下解放出来。许多世纪以来,圣三一谢尔盖大修道院都是俄罗斯最大的文化中心之一。15世纪初期,修道院编写了全俄编年史,组建了一座大型图书馆,收集了许多古代手稿和旧体印刷的书籍文献,还有大量古罗斯绘画和实用美术作品。15—16世纪初形成的修道院建筑群已闻名世界。许多著名的教会作家和圣像画师都在这座修道院里工作过,如智者叶皮凡尼、圣像画师安德烈·鲁布廖夫等。修道院的修士都是圣谢尔盖的门徒及门徒的门徒,他们又建立了70多座新修道院。这些修道院成为开垦俄罗斯北方土地的中心。修道院的第一任院长去世以后,后继者都是俄罗斯东正教会的著名修道院院长、修士大司祭和主教等,如圣尼康、圣迪奥尼西·拉多涅日斯基、圣安东尼·梅德维杰夫、圣主教普拉东(列夫申)、菲拉列特(德罗兹多夫)、英诺肯季(本雅敏)及殉道主教弗拉基米尔等。1741年修道院开设了圣三一宗教学校,1744年提升为大修道院。1814年莫斯科神学院迁到了这里。1917年十月革命以后,修道院和神学院的财产被收归国有,在其历史、艺术和建筑文物的基础上建立了国家保护博物馆。1919年修道院和神学院被苏维埃政权下令关闭,直到1946年才得以恢复。1947年重新开办了神学院和神学校。虽然1983年以后牧首的邸底迁到了达尼洛夫修道院,圣三一谢尔盖修道院依然享有俄罗斯东正教会最重要的修士和宗教教育中心的地位。

圣 事
Таинства

又称圣奥秘,依照东正教学说,圣事是具有象征意义的圣仪,其宗旨是通过这些圣仪,以人可见但有限智慧无法认识的形象向人传递不可见的圣灵的恩典,并实现人与上帝的联系。东正教承认的圣事有如下7项:圣洗,圣膏,忏悔,圣餐(圣体血),神品(圣品),涂油(圣油),婚配。圣事的第一个本质特征来源于上帝。圣事中最重要的几项都是耶稣基督亲自确立的,他在人世的生活中教给了人们圣洗、忏悔和圣餐仪式,其他圣事在使徒书信、《使徒行传》和教父的著作中有所提及。圣事的第二个特征是仪式性和传统礼仪性,这为教会提供了获得不可见精神力量的可见方式。第三个特征是将神恩引入精神和道德生活中,促进人本性的完善和罪的消除,引领人实现圣化并获得救赎。东正教神学认为,完成圣事的最重要条件是严守圣事宗教法规和讲究实效。圣事必须由神职人员来主持,严格遵照上帝确立的形式来进行,否则圣事将不起作用。为了使圣事真正产生作用,即使信仰者有幸获得神的恩典,他也必须以极虔诚的态度参与圣事,表现出真诚的愿望和接受圣事的充分准备,意识到正在进行圣事的重大意义。否则,圣事将成为对人的审判。

圣 徒

Святой

被封圣的教徒应具有如下特征：第一，享有上帝的恩典；第二，遵守宗教戒规，出于对基督的爱而刻苦灵修，虔诚传播信仰，为信仰而忍受苦难和承受死亡，归附上帝并被教会封为圣徒。俄罗斯东正教会受封的圣徒包括如下类型：使徒、相当于使徒者、先知、大殉道者、殉道司祭或主教、殉道者、忏悔者、修道者、苦行修士、灵医、义人、正信者和圣愚等。其中有些圣者还应加上"圣虔信者"和"显行灵迹者"等修饰语。

圣徒传

Жития святых

圣徒传是基督教文献中最重要的部分之一。教会在各个时代都收集了关于苦修者生活和活动的资料，将其作为道德行为的典范来讲述。圣徒传即是关于东正教徒的传记，包括教会封圣的教会和国家活动家、修士和平信徒，特别是为信仰进行苦行修道的信徒。东方正教最古老的《使徒行传汇编》出现于 4 世纪，而最早的俄罗斯圣徒传直到 11 世纪才出现。这些圣徒传由圣徒涅斯托尔编写，其中包括被封圣的鲍里斯和格列布、圣徒费奥多西（洞窟修道院）等古罗斯最早的圣徒传略。16 世纪，古罗斯撰写圣徒传的传统进入繁盛时期，都主教马卡里编写了《大日读月经》，将当时所收集到的所有俄国的圣徒传按教会每个圣徒的纪念日逐月汇编，并且还编入了东正教的主要节日。在俄国流传甚广、极具权威性的另一部汇编是封圣主教德米特里（罗斯托夫）编撰的《月书》，内含教会生活中具有重要宗教道德意义的 1 700 篇圣徒传。这些圣徒传使基督徒了解了东正教会许多世纪以来的宗教经验，这些经验在圣徒的宗教生活中都有具体呈现。

圣瓦西里

Василий Блаженный

圣徒圣瓦西里（1469—1557）是俄罗斯东正教历史上最著名、最广为人知的圣愚之一。他出生在莫斯科郊区的叶洛霍沃村，童年时学过靴匠的手艺，青少年时代很热爱劳动，十分敬畏上帝，表现出禀有预知未来的神赐。有一次，一个人来找靴匠定制一双能穿几年的结实靴子。瓦西里听了这个请求之后，十分悲哀地对他说，他完全没有必要定做这样的靴子，因为他明天就会死去。事情果真这样发生了。16岁时，瓦西里放弃了靴匠的工作，开始了圣愚的苦行灵修。他没有自己的住所，忍受着极大的困苦。他用看起来有些奇怪的言行对民众进行道德教诲。有一次在集市上，瓦西里将一个卖面包的人的面包都扔到了地上，这行为令人很难理解，但后来面包商承认，他在做面包的面粉里添加了石灰。还有一次，几个盗贼想骗取瓦西里的一件极为贵重的毛皮大衣，那是一位大贵族送给他的礼物。一个盗贼躺到地上装死，其他的盗贼向瓦西里要毛皮大衣给他盖上。令人惊奇的是，给躺着装死的盗贼盖上毛皮大衣以后，他居然真的死了。又有一次，圣瓦西里在莫斯科竟然看到诺夫哥罗德起了大火。他生前行了许多神迹，死后在他的坟墓所在地依然有神迹发生。沙皇伊凡雷帝曾受到圣瓦西里的大胆揭发，他很害怕这位圣者，觉得他能看透人心和思想。圣瓦西里的圣髑安

放在红场上的圣母庇护大教堂里,民间称这座教堂为圣瓦西里大教堂。他去世时整个莫斯科都为他送葬。在送葬的行列中,走在最前面的是沙皇和都主教马卡里。圣瓦西里的纪念日为公历 8 月 15 日。

圣瓦西里大教堂
Храм Василия Блаженного

又称莫斯科圣母庇护大教堂。以前在教堂的位置上曾有一座纪念圣三一的木制教堂和 1552 年葬在这里的圣瓦西里的墓地。沙皇伊凡四世率军征战喀山汗国时,许诺在这里建一座新教堂,以纪念征服喀山汗国的胜利。在他战胜敌军返回莫斯科以后,1555 年开始修建新教堂,1560 年新教堂竣工。由于占领喀山这一天正值圣母庇护日,所以教堂命名为圣母庇护大教堂。依照沙皇的意愿,这座新教堂成了莫斯科和东正教世界的中心。后来,伊凡四世之子费多尔·伊凡诺维奇下令在圣瓦西里的圣髑之上修建一座副祭坛。从此以后,民间开始称这座教堂为圣瓦西里大教堂。尽管莫斯科的几次大火使教堂受到损毁,但莫斯科人都把它修复得完好如初。现今这座教堂成为俄罗斯举世闻名的古建筑艺术纪念碑,向世界展现出俄罗斯东正教精

神文明的风采。

圣瓦西里大教堂的建筑师是两位俄罗斯人：巴尔马和波斯特尼克。教堂由9个部分组成——互相连结的8个色彩斑斓的圆塔式教堂环绕着中央有圆锥形顶部的大塔楼式主体建筑。教堂中间高耸的半圆形塔顶，多种多样的阶梯，高低参差不齐的立柱，形式各异的副祭坛，庄严的盾形装饰，红砖与白石的粗细巧妙结合，以及结构的优美不对称，所有这一切让圣瓦西里大教堂的形式像童话般丰富多彩。

圣 像
Икона

"圣像"这个术语源自希腊语的"形象、画像",指的是耶稣基督、圣母、圣徒的画像,或者对某卷《福音书》和教会历史上的事件及节日的描绘,"有时表达十分复杂的信理思想,比如各种关于上帝智慧的圣像、圣母的宇宙论圣像等"(С.Н.布尔加科夫)。"圣像不是肖像,而是未来教会人类的原型",是"色彩的思辨"(Е.Н.特鲁别茨科伊)。"圣像是一种特殊的教会传统,只不过它不是口头的和文学的,而是以色彩和形象体现的"(С.Н.布尔加科夫)。圣像画师在艺术形象中表达的是启示,色调和画像极具象征性。

在俄国,有为圣像画师封圣的传统。对圣像的敬拜出现于2世纪,在4世纪成为教会的规范。8世纪产生了反对圣像派的运动,这些反对圣像崇拜的人认为圣像就是偶像。从东正教的观点而论,"圣像画是象征艺术的特殊领域,但它不仅是艺术,而且大于艺术,是对神的洞见和感知,这种洞见和感知为自身提供艺术见证"(С.Н.布尔加科夫)。第七次普世大公会议(787年)以教条确立了圣像敬奉。拜占庭在11—12世纪制定了一条关于画圣像的宗

教法规，要求圣像画师要用特殊的技法描绘神性，以表现其与人世现象的不同，并强调神性的神圣尊严。古罗斯的圣像敬奉具有全民广泛性，而圣像的画法有许多独到的特点。圣像中突出呈现的象征意义描绘，反映出古罗斯人对东正教的理解，以及北方苦修者独具的神圣风貌，体现出北方重情主义对希腊尚知主义的排斥。尽管如此，无可否认的是，古罗斯的圣像画从拜占庭借鉴了许多重要技法。14—15世纪古罗斯的圣像画达到了繁荣时期，在基督教世界里独树一帜。在古罗斯的圣像中，"艺术被赋予的最高功能是传达上帝的荣耀。俄罗斯心灵和俄罗斯艺术暗藏着圣像的新启示和新创造"(C.H.布尔加科夫)。

古罗斯最著名的圣像画师是圣安德烈·鲁布廖夫。他最有代表性的圣像画是为圣三一谢尔盖大修道院绘制的《圣三一》,其成就胜过所有的希腊东正教和罗马天主教的圣像画。

圣像壁

Иконостас

圣像壁是东正教教堂里的隔墙,由北向南把祭坛和教堂的其他部分隔开,墙上按一定顺序安放圣像。古罗斯圣像壁上的圣像数量有多有少,有众多圣像的高圣像壁出现在15世纪。圣像壁上通常有3个门,都通向圣坛:正对祭台的中门,左侧的北门和右侧的南门。没有司祭职务的人不能进入中门。圣像壁上通常有几排圣像,其摆放顺序有严格的规定。最底下的一层在中门的位置是天使长加百列向至圣童贞女报喜的圣像画,以及四部《福音书》作者的圣像。中门右侧是救主圣像,左侧为抱着婴儿的圣母像。在北门的位置是天使长加百列和米迦勒的圣像,有时是先知、圣辅祭或封圣主教的圣像。南门的右侧和北门的左侧

是最受尊崇的圣徒的圣像,诸如以其名字命名教堂的圣徒的圣像。在最低层圣像上面的一排圣像中,直接挂在中门上方的是圣像画《最后的晚餐》,其左或右侧为东正教主要节日的圣像画,诸如耶稣基督和圣童贞女生活中的事件等。再上一层(即从下数第三层)圣像的置放顺序为:《最后的晚餐》上方是身着帝王或主教服装的耶稣基督,以及站在他面前祈祷的圣母和先驱约翰的圣像画《祈求圣像》,在它两侧是圣使徒的圣像。圣像壁的最上一层(即从下数第四层)置放的是《旧约》义人——先知们的圣像。最后,圣像壁的顶端是耶稣基督被钉在十字架上的圣像画。

并非所有教堂里都有这样的圣像壁，只能说在古罗斯的东正教教堂里，这种圣像壁居主要地位。有的教堂的圣像壁装饰很简单，只在中门上方安放一幅《最后的晚餐》，没有其他圣像。最初几个世纪中，在教堂里祈祷的人都能看到祭坛，它的外面只有一道护栏。现今，为了使神甫在圣坛上的高念词被所有人听见，圣帐中门经常做成格栅状，而圣像壁的高度不抵至圣坛顶端。在该教区教堂里，圣像壁上方往往留有很大的开放空间。

圣 油
Елей

圣油是指教会祭礼中广泛使用的橄榄油。在一些情况下，如受洗之前和彻夜祈祷之后，会为信徒举行涂油仪式。圣油也用来圣化祭坛、浸礼池，还在授圣职和涂圣油仪典过程中使用。它的宗教象征意义为上帝赐予人的力量的涌流，它能促使人精神能力的发展。

圣 愚

Юродивые

圣愚是东正教的苦行者，他们把自己装扮成疯疯癫癫的人，没有住处，衣衫褴褛，不惧严寒，犹如乞丐。他们与流行的社会生活方式公开决裂，目的是揭露尘世生活的罪恶，使基督教信仰者的意识从世俗的框架中摆脱出来。这种立场的产生是基于基督教的学说：地上世界的俗世生活是有缺陷的，为了进入上帝之国必须从中解脱出来。古罗斯对圣愚的崇敬绝对胜过其他基督教信仰的国家，在16世纪达到了极盛时期。希腊教会崇仰的圣愚仅有六位，而俄罗斯教会所纪念的圣愚的名字和圣传有数十个，其中包括：诺夫哥罗德的尼古拉·科恰诺夫、米哈伊尔·克洛普斯基、亚科夫·波

罗维茨基，乌斯秋格的普罗科皮和约翰，罗斯托夫的伊西多尔，莫斯科的马克西姆和圣瓦西里，卡卢加的拉夫连季，普斯科夫的尼古拉·萨洛斯和彼得堡的克谢尼娅等。从16世纪末开始，俄罗圣愚的数量锐减，只有少数人被封圣。俄罗斯东正教认为圣愚的存在具有极大的意义，因为这些苦行者不怕向社会上的权贵当面说出真理，勇敢地公开揭露那些不公正和忘记上帝真理的人，并为虔信上帝和敬畏上帝的人带来慰藉。在圣愚的行为中，贫穷卑微与揭露世俗现实的精神积极地融为一体。面对丑恶的现实他们绝不卑怯妥协。他们通过自己的行为方式具体地体现出另一个世界的真理，而这种真理在世人看来是古怪的、奇异的，甚至是低下的。东正教会认为，在圣愚的行为中既能看出摆脱充满肉体诱惑的尘世准则的宗教精神需求，又能看出他们背负社会道德十字架的天职。由于圣愚与尘世有着内在联系，而他们的精神又十分清醒，享有预言和未卜先知的恩赐，这使他们对社会负有特殊的使命。这常常表现在他们能够预知未来即将发生的事情、为人治病和预言人的生死等本领中。所有的东正教信徒不分贫富，都谦恭地聆听他们的责备，把圣愚视为东正教良心的荷载者，这也是圣愚的精神象征性。

圣 职
Духовенство

这个概念包括东正教会的所有神职人员,是神职人员的统称。依照东正教会的传统,神职人员的品级分为两种:黑神品和白神品。剪发当修士的神职人员为黑神品,白神品属于非修士的神职人员。所有神职人员按圣统制的三级神品分为:主教、司祭和辅祭。

索菲亚
София

又称圣智。索菲亚是一个十分古老的概念,在《圣经·旧约》的《箴言》中有一段关于上帝的智慧即索菲亚的话:"在耶和华造化的起头,在太初创造万物之先,就有了我。从亘古,从太初,未有世界之前,我已被立。没有深渊,没有大水的泉源,我已生出。……"(《箴言》,第8章,第22—24节)在《圣经后典》的"所罗门智训"中也提到索菲亚:"智慧闪烁着明亮的光辉,永不暗淡","智慧之灵是圣洁的并且具有理性","智慧具有非凡的活力,她是如此的纯洁,以致她能透入一切之中。她是上帝之能的一口气——一股来自全能者的纯洁而闪光的荣耀之流。任何污秽之物皆无法溜进智慧之门。她是无限光明的一个映像,是上帝之活力与善性的一面完美无缺的镜子","世世代代以来,她进入圣徒的灵魂,使其成为上帝的朋友和先知"(《圣经后典·所罗门智训》,第110—113页)。《圣经后典》中还指出,一切存在之物和所有美德皆为智慧的杰作(同上,第114页)。由此可见,在基督教的观念中,圣智索菲亚在上帝创造世界以前便已存在,而且参与了上帝的创世活动,赋予受造之物一切美德。在一些西方学者的观念中,索菲亚除了是上帝的圣智以外,还是"创造性的道"(威尔杜兰)。由于俄罗斯人有一种与生俱来的认识和感知世界的神秘主义灵感和直觉,他们对索菲亚的关注要胜过其他信奉东正教的民族,与索菲亚相关的观念在其人文文化中有更多的渗透和影响。众多哲学家和神学家都对索菲亚的概念提出了自己的看法,其核心是有关上帝和世界的相互关系、源自于完善的上帝的不完善世界等问题。可以认为,索菲亚学说既是一个神学学说,又是一个哲学范畴。有的研究者认为,它是一个"本体论-神学学说"(М.А.马斯林)。

早在18世纪末至19世纪初,俄国的政治思想家М.М.斯佩兰斯基首先对索菲亚的神学涵义进行了探讨,认为索菲亚是"从圣父存在中分出来的一个部分",是反映出圣父和圣子荣耀的"镜子",还把索菲亚视为"圣父的女儿""圣子的姐妹和未婚妻""上帝之外的一切存在之母"等。这些看法中蕴含着两个重要思想:其一,索菲亚不能与上帝分开,是上帝的一部分;其二,她还是世界上被造之物的存在之母,是世界创造和构成的原则,抑或世界追求的完善目标。俄国学界认为,斯佩兰斯基的索菲亚观具有泛神论或万有在神论的倾向。继斯佩兰斯基之后,B.C.索洛维约夫建构了自己的索菲亚学说,对俄国的神学和哲学产生了很大的影响。这位宗教哲学家的索菲亚观可以概括为:索菲亚是上帝对作为存在大一统的世界构想的中心,她来自于逻各斯;与此同时,索菲亚还是独特的"世界灵魂",是整个人类的集体意识和女性个人的个性,即永恒女性,她忠实于上帝,从上帝那里得到外形。索洛维约夫还得出一个结论:整个世界过程即是永恒女性在形式和程度的多样中得到实现和反映的过程。由此可以看出这位思想家的基本索菲亚观:索菲亚既属于上帝,又属于被造之物,具有两者之间的居间性。当代俄国哲学界认为,索洛维约夫的索菲亚学说是在西欧神秘主义和诺斯替教及喀巴拉学说的影响下形成的,当然其中不乏他个人的神秘体验(见《三次约会》)。这一索菲亚学说表明,在神的世界和自然界之间没有不可逾越的深渊,人同时属于两个世界,因此神学和人类学、对上帝的认识和对人的认识是不可分割的。并且，他的索菲亚学说还从人类学过渡到了宇宙论。在索洛维约夫这里，索菲亚的理念在关于神人合一、神权政治国家和哲学史的学说中占据中心位置，索菲亚是构成索洛维约夫的三大世界观——神智学、神权政治和巫术——的组织原则。总体而论，这位宗教哲学家的索菲亚学说是十分复杂的，而且前后又有很大的变化。在1898年纪念孔德诞生一百周年的学术会议上，在最后一次论及索菲亚时，他指出：这个伟大的主宰者和女性，既不是上帝，也不是永恒的圣子，更不是天使和圣人，她是谁呢？只能是真正、纯粹和完全的人类，自然和宇宙的至高无上和无所不包的形式和活的灵魂，后者在时间过程中与上帝联成一体，并把所有一切与上帝联结起来。索洛维约夫最后得出了一个结论：索菲亚是上帝的物质，或者神人合一。最终他将关于索菲亚的本质与关于神人合一的思想联结在一起，回归到查尔西顿大公会议上提出的关于基督神人二性统一的基督教真理。索洛维约夫的索菲亚学说奠定了俄罗斯东正教神学和宗教哲学相关理论的基础，具有明显的预见性。众多俄罗斯宗教哲学家和神学家在其后纷纷提出了各自的观点。

П. А. 弗洛连斯基认为，"索菲亚是作为统一整体的受造之物的根源"，是"基督耶稣的躯体"，"是被救赎的受造物的开端和中心"，"她是所有尘世和上天的自然力的净化者"

（真理的柱石和确证），并认为索菲亚是圣灵、童真、圣母马利亚。С.Н.布尔加科夫把圣智索菲亚视为上帝和世界之间的某种中介，她是女性的、个人的"上帝的思想"，同时还是"世界灵魂"，一切受造物的内在统一。总而言之，布尔加科夫试图以索菲亚的形式在上天和尘世两个世界间建造一座使其相联结的桥梁。他的看法得到了И.А.伊林和К.В.莫丘利斯基的赞同。Е.Н.特鲁别茨科伊则认为索菲亚是上帝与世界之间的中介，将其视为上帝的至高理性力量，她把一切存在物引向受造物的更新。Н.О.洛斯基认为索菲亚是所有受造物的个性集中点（中心），是基督最近的助手。而Л.П.卡尔萨文认为，索菲亚没有个性和面貌，她在上帝面貌的火焰中被烧掉了，以基督的面貌和圣母的面貌出现在我们面前。В.В.津科夫斯基则得出了另一种结论：上帝中的索菲亚和世界的索菲亚就名称和内容而言，基础是相同的，只是存在的方式不同而已。上帝中的索菲亚是智慧的世界，而世界的索菲亚完全属于受造物。可见，津科夫斯基既把索菲亚视为上帝的智慧，又将其视为受造的物质世界。他明确地区分出受造物和非受造物的索菲亚，试图解决柏拉图学说中的矛盾，使柏拉图学说与基督教和解。而当代俄罗斯哲学家С.С.阿维林采夫把索菲亚理解为"精细的造物"。总体而论，依照俄罗斯东正教神学的观念，索菲亚是上帝的神圣智慧，同时又是上帝的物质体现。可见，上帝和人都与索菲亚不可分割，没有索菲亚，上帝就不能成为宇宙的创造者和它的主宰。人类也不能没有索菲亚，否则就不能与上帝交流，接受不了上帝的启示和引领，也就不能成为日趋完善的人类。人类需要超验的上帝，主要是想得到上帝的拯救和启示。救赎是由上帝之子耶稣基督来实现的，而启示则是通过索菲亚传给人类，因此可以认为，索菲亚犹如内在的逻各斯，即思想和理性。

由于圣智索菲亚的影响十分巨大，在东方正教盛行的地区，如拜占庭的君士坦丁堡、古罗斯的基辅、诺夫哥罗德、波洛茨克、托波尔斯克和阿尔汉格尔斯克等地都建有索菲亚教堂，古罗斯还有索菲亚的圣像画。不过，教会的一些神职人员，主要是主教们，并不赞同建立在索洛维约夫学说基础上的宗教哲学家的索菲亚观，认为 C.H. 布尔加科夫等人的神学论证是非东正教的，是一种理论臆造。这一学说成为多年来广为争论的对象，并受到俄罗斯和域外主教公会的批判（1927 年 3 月和 1935 年 10 月），莫斯科牧首也专门发布过两个命令（1935 年 9 月 7 日和 12 月 27 日）来批判 C.H. 布尔加科夫等人的索菲亚观。

Апокрифы   *Крест*   Архангел   Двунадесятые
Воскресение мёртвых   ЕПИТИМЬЯ
                                            Мировая
Апостольский символ
Тварь и творец
                    Валаамский Спасо-Преображенск
            Декалог

S—W

十二大节日 *Двунадесятые праздники*
十诫 *Декалог*
十字架 *Крест*
十字架节 *Воздвижение Креста Господня*
使徒 *Апостолы*
使徒信经 *Апостольский символ*
世界灵魂 *Мировая душа*
受造物和造物主 *Тварь и творец*
赎罪神业 *Епитимья*
死后的考验 *Мытарства*

死亡 Смерть
死者复活 Воскресение мёртвых
天使 Ангел
天使长 Архангел
天堂 Рай
瓦拉姆救主显荣修道院
Валаамский Спасо-Преображенский монастырь
伪经 Апокрифы
位格 Ипостась
五旬节 Пятидесятница

十二大节日
Двунадесятые праздники

除了复活节,东正教还有十二个重大的教会节日,其中有9个节日的节期是固定的,3个节日的节期是不固定的。节期(公历)固定的节日有:圣诞节(主降生节,1月7日),主领洗节或主显节(1月19日),主进堂节(2月15日),圣母领报节(4月7日),主显圣容节(8月19日),圣母安息节(8月28日),圣母诞辰节(9月21日),十字架节(9月27日),圣母进堂节(12月4日)。节期不固定的节日有:主进圣城节(大斋期的第6个,即最后一个礼拜天),主升天节(基督复活后第40天),五旬节(或圣三一主日,基督复活后第50天)。

十 诫
Декалог

十诫为上帝的十条诫命。上帝通过先知摩西将其下传给以色列百姓。这十条诫命刻在两块石板上,是古代以色列人最珍贵的圣物。在东正教、天主教和基督新教通用的

神圣会全版《圣经》中,对十条诫命的内容和顺序排列如下:

上帝说:"我是主,你的上帝,曾将你从埃及地为奴之家领出来。"

1. 除我以外不可有别的神。

2. 不可为自己雕刻偶像,也不可做什么形象,仿佛上天、下地和地底下、水中的百物。不可跪拜那些像,也不可侍奉它,因为我是主,你的上帝,是忌邪的上帝。恨我的,我必追讨他的罪,自父及子,直到三四代。爱我,守我诫命的,我必向他们发慈爱,直到千代。

3. 不要妄称主,你的上帝的名,因为妄称主,你的上帝的名的,必不以为他为无罪。

4. 当纪念安息日,守为圣日。6日要劳碌作你一切的工,但第7日是向主,你的上帝当守的安息日。这一日你和你的儿女、仆婢、牲畜,并你城里寄居的客旅,无论何工都不可作,因为6日之内,主造天、地、海和其中的万物,第7日便安息,所以,主赐福与安息日,定为圣日。

5. 当孝敬父母,使你的日子在主,你的上帝所赐你的地上得以长久。

6. 不可杀人。

7. 不可奸淫。

8. 不可偷盗。

9. 不可做假证陷害人。

10. 不可贪恋人的房屋,也不可贪恋人的妻子、仆婢、牛驴,并他一切所有的。

十字架
Крест

十字架是基督教的主要象征之一。十字架作为敬拜的对象,起始于原始社会,后来在古代埃及、巴比伦和亚述作为信仰的宗教象征而广泛出现。在罗马帝国基督教形成的时代,十字架形的木质建筑物曾经作为绞死奴隶和下层人的工具。在基督教中,教会用《福音书》中关于耶稣基督被钉上十字架受难的故事来诠释十字架崇拜的来源。由此可见,依照基督教的观念,十字架成为救主为赎人类的罪而受苦难的象征,成为救赎和永恒生命的标志。与此同时,"十字架"一词成为基督教道德神学的一个术语,所表示的是苦难、沉重的责任、

道德义务以及与罪之诱惑进行艰巨斗争的一切,即信徒应坚定、顺从地承受的一切,以求不违背宗教的要求和纯洁良心的告诫,遵从耶稣基督的教诲:"不背着他的十字架跟从我的,也不配作我的门徒。"(《马太福音》,第10章,第38节)。十字架还有一个十分重要的作用——向信徒传递圣灵的力量。

东正教教徒要在自己身上画十字圣号:用右手的三个手指在前额和上半身画十字,同时表明圣三一的象征意义。

在东正教中,十字架有几种不同的用途:其一为基督教徒贴身佩戴;其二为司祭在神袍外佩戴;其三为主教挂于胸前;其四为与《福音书》一起供奉在祭台上。东正教十字架的样式有几种:十字形,十字上面加一个横杠形(位于耶稣受难十字架的上方)和在后一种十字架下方再加一个斜杠形(用来表示耶稣被钉在十字架上脚下的木杠)。这几种十字架中最后一种最为常见。东正教突出地强调十字架所体现的耶稣基督被钉在十字架上救赎人类的象征意义。

十字架节
Воздвижение Креста Господня

东正教会的节日,十二大节日之一,节期为公历9月27日。十字架节是为了纪念寻获耶稣基督受难的十字架而设立的。依照教会传说,这个十字架是326年在各各他的山上(耶路撒冷附近)找到的。据说,罗马君士坦丁大帝的母亲叶莲娜为了寻找这个十字架专程来到巴勒斯坦,并找到了这个十字架。此后它竖立在被找到的地方,供民众前去敬拜。为了纪念基督被钉上十字架时遭受的苦难,在十字架节这一天要进行严格的斋戒。

使 徒
Апостолы

广义上说,使徒是传播基督教信仰的游走传教士,在《新约》中指耶稣的12个门徒,他们组成了第一个基督教团体。这些耶稣最亲密的门徒为西门彼得、雅各和他的兄弟约翰(西庇太的儿子们)、安德烈(首召使徒)、巴多罗买(也称拿但业)、雅各(亚勒腓的儿子)、加略人犹大、马太

（也称利未）、腓力、奋锐党的西门、达太（也称犹大，雅各的儿子）和多马。此外还应提及保罗，基督在尘世时，他没有见过基督，但他为基督教在罗马帝国的传播做了许多事情。在犹大（加略人）背叛和耶稣死后，为了保持12这个数字，他的门徒选了马提亚来取代犹大。12个使徒所表示的是上帝选民的12个支系。基督第二次选了70个使徒，但《新约》中没有指出他们的名字。相传，这70个使徒中包括《福音书》的作者马可和路加。有时，在多神教信徒中传播基督教学说的圣徒也会被当作使徒，诸如被视为使徒的君士坦丁大帝及其母后叶莲娜、基辅公弗拉基米尔以及圣斯特梵和佩尔米等。东正教堂的礼拜用书中包括使徒书信和《使徒行传》，它们在礼拜时经常被诵读。东正教会在公历7月13日举行对使徒的纪念活动。

使徒信经

Апостольский символ

基督教普世教会用以表示信仰的3个最古老的信经之一。依照4世纪的一个传说,这个信经是使徒们自己在耶路撒冷构想出来的,每个使徒都参与了信经的建构。可以推断,这个使徒信经与基督信仰的古老的受洗仪式在起源上有联系。之后,使徒信经又有了一些补充。按照一些人的看法,最后的版本形成于5世纪。在东正教教会的礼拜活动中,它逐渐被《尼西亚-君士坦丁堡信经》所取代。

世界灵魂

Мировая душа

在古希腊宗教哲学家的理念中,世界灵魂的含义为世界机体复苏的开端,宇宙运动的源泉,是众神、魔鬼、动物和人的灵魂的原生处。世界灵魂与整个世界的联系既有值得肯定的方面,也有否定的方面,它构成了万物在其物质统一之外的一切统一的特殊方面。在文艺复兴时代及后来一段时期，一些宗教哲学家力主世界灵魂的灵性学说，强调世界上所发生的一切的最终原因都是精神的，而非物质的。俄罗斯的宗教哲学家们则有自己对世界灵魂的独特理解。В.С.索洛维约夫将世界灵魂理解为整个人类心理活动的共性，它是人类的集体"灵魂"，由上帝而来，并在历史进程中上升到索菲亚的完善。С.Н.布尔加科夫认为"世界灵魂被魔鬼附了体"，因此在救赎这件事上不应该对它寄托特别的希望。Н.А.别尔嘉耶夫更进一步认为，"对世界灵魂存在的信仰是浪漫主义的信仰"，它会引发人对与这个灵魂融为一体的激情，而这正是宇宙的诱惑。Л.П.卡尔萨文则指出，奥古斯丁为了救赎个人的灵魂而"准备忘记世界灵魂"。

受造物和造物主
Тварь и творец

这是基督教神学奠基性的概念之一，指上帝在创世时所创造的一切。上帝是造物主，他从无创造了世界，这就是说，在他创世之前没有任何世界存在，并且上帝创造行为的性质不可能用理性来诠释。对上帝而言，世界的创造并非因为他对世界有任何"内在的需要"，而是为了实现他对世界的意图：把世界视为既是受造物享有自由的所在，又是世界和人存在的终极意义和至高精神目标。所有受造物在终极意义上都不是自给自足的，也不是独立的。由于他（人）的存在是基于上帝的意志，受造物完全有可能不存在。与此同时，在上帝的创造中，应该而且会形成全新的神之外的现实存在，它具有自己的本性和生存意义，能够获得自由的发展和实现。受造物的最终目标是实现圣化，在不超越受造和非受造之间界限的情况下，前者通过接受神恩而向后者归附。

赎罪神业

Епитимья

又称赎罪善功，在希腊语中这一术语是"惩罚"的意思，这在古代教会活动的实践中有所体现：受惩罚的信徒在一定时间里不能领取圣餐。但在现代东正教会中，赎罪神业已完全没有惩罚的意义。它是忏悔者按照忏悔神甫的规定，自愿完成一些虔诚的行为，如长时间的忏悔祈祷、施舍、加倍的斋戒、朝圣等。这一切都不是惩罚，而只是"精神治疗"的措施。

死后的考验
Мытарства

这一概念指对人死后有罪灵魂的考验及它在走上通往天堂的无上幸福之路时与魔鬼的斗争。经受死后考验的地方是精神和物质世界的中间地带，即天地之间。它是对个人进行审判的时刻，上帝依照审判的结论在冥冥之中决定末日审判之前人灵魂的命运。在教父学传统中，圣费奥多拉的故事是对死后考验的性质和内容的权威性证明。"死后考验"这个术语从词源上说来自于"税吏"（мытарь）一词，罗马帝国统治时代在犹太称其为"施舍物募集者"。这些税吏十分专横，完全不受职责的约束，站在城门中间检查所有过往行人，令人十分恐惧。由此，"税吏"一词后来被用来影射魔鬼，它们暗中窥伺从地上升向天国的人的灵魂。死后的考验还包括"死后灵魂的考验"，指的是人死后魔鬼力量向人灵魂的攻击，这种魔鬼力量不仅揭发死者的该死之罪，而且用欺骗和各种花招使灵魂远离天国。为保护人的灵魂不受魔鬼的不公正指责和阴谋迫害，上帝派守护天使来护佑人的灵魂。东正教中关于死后考验的观念与司祭必须为死者进行祈祷的学说密切相关，因为这种祈祷能够帮助死者的灵魂经受住死后的考验，并且在对个人审判时得到有益的结论。

死 亡
Смерть

在东正教的观念中，死亡首先是人因病而使肉体衰亡和灵魂遭受痛苦折磨的状态，其结果是人与其生活的世界和亲人之间不可逆转的永久分离。其次，这个"神秘的死亡"还指人的精神从粗陋的肉体外壳中解脱出来的神秘过程，它将进入完全不同的另一个世界中去。死亡和肉体的腐烂是人罪恶堕落的结果。众所周知，人类的始祖亚当和夏娃违背上帝的诫命，他们的"原罪"使自己失去了永生的能力，而得到了会腐烂的身躯。所以，死亡不是上帝创造的，它通过亚当和夏娃所犯的"原罪"进入到世界，并且成为所有受造之物的决定性本质。死亡还是受造物的存在与造物主疏离的最主要表现。耶稣基督救赎了人类及所有受造物之后，使所有受造物从原罪的控制下解脱出来，死亡失去了对受造物——自然——的权力。从那时起，对基督教信仰者而言，死亡不再是无法摆脱的痛苦折磨，而成为通向永生之路，诚然，也不无永灭，即永远死去的危险。如果人在对待死亡这件事上精神无忧无虑、全不在意，在东正教中将被视为促进灵魂死亡的因素；而在心中保存并活化"死亡记忆"才是东正教宗教文化的重要因素之一。东正教把死亡看作"最后的敌人"(《哥林多前书》,第15章,第26节:"尽末了所毁灭的仇敌就是死"),它在时间终结时将被消灭。而另一方面,东正教还确立了一种观念:死亡对于堕落的人来说又是一件善事,能把他从亚当的罪的诱惑中彻底解救出来。

死者复活
Воскресение мёртвых

世界上几乎所有民族都相信,人在肉体死亡以后依然继续存在,但不同的宗教对人死后生命存在的方式却持有不同的看法。依照东正教圣书中的观念,死者复活,指的是死去的人原来的躯体经过改观而获得永生。最鲜明的例证就是救主死后肉身的复活。东正教会教导信徒,死者复活将发生在耶稣基督第二次降临时。既然按上帝创造的本性人的灵魂是不朽的,死者复活就意味着人肉

身的完全复原。东正教没有关于死者复活以后肉身处于何种状况的统一学说,教会允许对这一问题持不同看法。但几乎所有东方教会的教父和东正教的著名神学家都指出,脱离开肉身的灵魂的最终归宿是受到崇高精神的鼓舞。死者复活可以说是新的启示。死者复活,不但有应该得救的义人,同时还有不应该得救的罪人,因此,必须有关于末日审判的学说来最终决定复活者命运的问题。东正教神学强调指出,基督教徒在圣餐仪式上所领的救主的圣体血进入他们的灵魂和肉体,使他们由此获得了永生的种子。至于那些没有领过圣餐的人,神的意志将是他们复活的唯一裁决准则,他们未来的命运也将取决于神。

复活是东正教、天主教和基督新教的基本教义之一。

天 使
Ангел

在希伯来语中意为"使者",在希腊语中是"信使"。在《圣经》中,天使一词有几个不同的含义:1)上帝和主耶稣基督;2)指人,例如将以色列人称为信使,还用天使来称呼先知,基督的先驱者施洗约翰就被称为天使,司祭也被称为天使,教会的主教等被称为世人中的信使;

3)还用来表示无生命的事物,比如上帝作为自己的信使降到人间的瘟疫、惩罚、自然灾害等。上帝创造天使是为了体现他的意志,使其在创世中完成各种职能。但就天使这个词本身的意义而言,在《圣经》中指称的是上帝创造的、高于人的、无肉体的精神之物,禀有至高的智慧、自由意志和强大的力量,以传递信息到尘世的方式侍奉上帝,永远位于上帝宝座的左右,为其唱赞美歌,受上帝派遣去拯救人类。虽然天使都是以类似于人的形象出现在人面前,东正教却不将天使的本性与这些形象相等同,而是更常指出其与风、火、光等自然力的联系。东正教会尊奉一种信仰,即每个信徒在接受洗礼时都会有一个守护天使,保护他不受邪灵影响并避免发生不测。

天使的数量众多,并分为不同等级。除善的天使以外,还有被上帝逐出天庭的恶的天使,《圣经》中将这些恶天使视为人们获得救赎的敌人。依照伪迪奥尼修·阿雷奥帕格的学说,天使按其作用力分为9个品级,构成3个品级相联系的三位一体:第一个至高的三位一体包括六翼天使、万目天使和上帝宝座边的天使,他们离上帝最近,直接位于上帝的面前,能够接受和传达上帝的圣智;第二个三位一体从第一个三位一体获取精神力量,体现上帝主宰世界的原则,包括统辖、力量和权力;第三个三位一体级别最低,包括首领、天使长和天使,它将尘世事工的各品级天使联结起来。对于天使,《圣经》中还有一种说法,如在《但以理书》中说,有一些特殊的天使,他们通晓整个国家和民族的生活,如波斯的护国天使曾阻拦赶来向但以理传达真理书上启示的天使,而这个天使知晓波斯未来将要发生的一切:"波斯还有三王兴起,第四王必富足远胜诸王,他因富足成为强盛,就必激动大众攻击希腊国。"(《圣经·旧约·但以理书》,第11章,第3节)

天使长
Архангел

指天使的统领，也称"大天使"。基督教正典中出现过两位天使长的名字，分别是米迦勒和加百列。米迦勒出现在《圣经·但以理书》第10章里，他参与过一场与波斯魔君的争战，后者具有邪灵的力量；在《启示录》第12章里米迦勒和他的天使们在天上与恶龙（撒旦）战斗，最终战胜了恶龙。加百列是专门传递上帝信息的天使，正是他向马利亚宣告："圣灵要临到你身上，至高者的能力要荫庇你。因此所要生的圣者，必称为上帝的儿子。"（《路

加福音》,第1章,第26—35节)加百列还说,要给这个男孩起名耶稣。

天 堂
Рай

在基督教传统中,天堂是所有获得救赎并亲眼见到上帝之人的永恒生命和无限幸福的所在。在《旧约》中,天堂指"东方"美好的伊甸园,是人类始祖亚当和夏娃堕落以前居住的地方。在《新约》中,天堂被称为"天国"和"上帝之国",获取了荣耀之城天上耶路撒冷的特征,上帝和忠实于他的子民将居住在那里(《启示录》,第21章,第2—4节)。虽然东正教没有确立任何教会关于天堂的法定概念和类型的学说,但在东正教的习惯看法中,还是存在着对天堂的传统观念及其存在的形象。依据《福音书》文本、教父的著作以及能与上帝交往并预见未来之人的见证,教会对天堂的理解是:它是天上世界的一个地方,处于世上的天地时空坐标之外。基督教关于上升到天堂的所有真正的经验都具有彼岸世界的印迹,但却不乏潜在的神秘主义现实主义。这说明,天上世界完全是具体的,是极其精美的实体,使人能够感知,为人打开了精神的眼睛,令人看到鲜明的具体形象。东正教的圣书首先把天上无限幸福的状态同与上帝交往的现实联系起来，它以人在尘世生活中不可能有的至高形式在天堂实现，并且在应上天堂者的个人完美中能够看到这种无限幸福的源泉。教会的圣传还指出，天堂存在的另一个重要特征是每个人同天堂里的其他居民——天使、圣徒和在尘世生活中与其有精神共性和被他所爱的人——的交往的完美无瑕。最后，圣传指出，借助于同上帝的实际交往应上天堂的人，将获得关于上帝所创造的整个世界的终极知识——这个世界的构成、它的使命以及在上帝创造的世界中自己个人的使命等等。

瓦拉姆救主显荣修道院

Валаамский Спасо-Преображенский монастырь

瓦拉姆救主显荣修道院位于拉多加湖西北部的瓦拉姆岛上。由于修道院存在初期的历史源头十分复杂，它建成的准确时间难以确定。有一种传统说法认为它是由圣徒谢尔盖和赫尔曼在14世纪建立的。还有人认为，12世纪便有修士在这里居住。修道院建成以后承担了传教的任务，在芬兰-乌戈尔语系民族中传播东正教。14—16世纪瓦拉姆修道院的修士在拉多加湖沿岸建立了隐修处和一座修道院。15—16世纪修道院已十分闻名，被称为"北方圣山"。17世纪，瑞典侵略者对拉多加湖一带和瓦拉姆群岛进行了毁灭性的攻击，沿湖的修道院和隐修处都遭到了严重破坏，瓦拉姆岛上所有的木制教堂都被焚毁，教友几乎全被打死。大约一百年之后，遵照彼得一世的命令，1715年开始了修道院的修复工作。后来，在纳扎里任修道院院长期间（1782—1801），瓦拉姆修道院成为俄罗斯长老制最主要的中心之一。修道院的各种活动全面展开。

修士生活的精神支柱是一种宗教理想，即把蛮荒的大自然改变为某种类似于人类最早所在的伊甸园的状态，犹如天堂里的花园一般。这种追求在修道院的宗教礼仪、训导、教堂歌曲、建筑、圣像画、著作及生产经营活动中均有体现，如修路、排水渠、人造林荫路和公园等工程中都有极严格的规章制度。瓦拉姆修道院修士生活的方式有三种：荒漠隐修、隐修独居和集体居住的修道生活。19世纪，瓦拉姆修道院开始进行传教活动，传教士们促进了东正教在远东地区和阿拉斯加的传播。从1918年1月起,瓦拉姆群岛连同修道院一起转由芬兰进行司法管辖。1940年苏联和芬兰的战争结束以后,瓦拉姆群岛和南卡累利阿的一部分归入苏联。在苏联军队到来之前,依照芬兰曼纳林元帅的指令,在世的老修士、教会财产和修道院图书馆全部疏散到了芬兰境内。此后,修道院关闭了几十年。按修道院的主掌者(后来为莫斯科和全俄牧首)阿列克谢的提议,1989年9月18日卡累利阿部长会议上将瓦拉姆救主显荣修道院及修道院的尼古拉隐修处移交给了列宁格勒主教区。从这时起,俄罗斯东正教会的所有修道院开始逐渐得到恢复。1990年瓦拉姆救主显荣修道院获得了直属牧首修道院的地位。

伪 经
Апокрифы

伪经是不被教会承认为圣书的宗教著述,分为新约伪经和旧约伪经。新约伪经包括《伪经·福音书》《使徒行传》，以及未归入新约正典的书信和《启示录》。新约伪经分为禁止阅读和允许阅读这两种，但都不能在礼拜时诵读。这些伪经就形式和题目而论都与《圣经》相近，但因其作者不详和随心所欲的幻想或值得怀疑的思想而未能进入《旧约》和《新约》。许多伪经的作者都是诺斯替教的信奉者，他们有时甚至用这些伪经来反对基督教。在古罗斯，这些伪经被改写成俄罗斯民间文学的形式，作者赋予它们各种地方特色，引入了新的人物，改换了原来的名字，获得了全新的色彩。总体而论，俄罗斯神职人员自古以来就对伪经持否定态度，遵循拜占庭的传统严格遵奉正典。

位 格
Ипостась

这是一个从希腊语转译成俄语的东正教神学概念，原意为"存在""存在的东西"。在东正教神学中，位格被理解为圣三位一体，表示上帝独有的三个位格：圣父、圣子和圣灵。三个位格具有统一的本质，共同体现上帝的本性。

五旬节
Пятидесятница

东正教十二大节日之一，节期在复活节后的第50天，也叫"圣灵降临节""圣三一主节"。五旬节是为了纪念圣灵降临，圣灵在复活节后的第50天和主升天第10天降临到使徒的头上。这个节日是主升天节的必要延续，因为基督在升天前向使徒许诺从天国差派圣灵。五旬节时从天而降的火舌使每个使徒被圣灵充满，"按照圣灵所赐的口才说起别国的话来"。（《使徒行传》，第2章）圣灵降临使徒奠定了教会存在的基础，从那时起使徒的教会代代相传，恩典充满了教会。

五旬节在认识《新约》的真理体现在人类生活中的多种途径方面也具有很大意义，因为使徒圣灵赋予使徒在多民族中用各自语言传播教义的使命。自古以来，五旬节就被视为救主基督教会的诞生日，它不是人设立的，而是上帝的神恩创造的。在俄罗斯，在五旬节这天人们用树枝、草和鲜花装饰教堂和房屋，这是旧约教会的庆祝传统。新约教会保持了这个习俗，并赋予了它新的意义：青草和鲜花不仅象征着将欣欣向荣的春天开端献给上帝，而且还象征着基督的教会本身，它像鲜花一样日益繁荣昌盛。这也显示出被圣灵充满的人的更新。

X

洗礼 *Крещение*
夏娃 *Ева*
显行灵迹者圣尼古拉 *Николай Чудотворец*
协同作用 *Синергия*
谢尔盖牧首 *Патриарх Сергий*
谢肉节 *Масленица*
新圣女修道院 *Новодевичий монастырь*

信经 Символ веры
信仰 Вера
修道院 Монастырь
修道院院长 Игумен
修士 Монах
修士大司祭 Архимандрит
殉道者 Мученик

洗 礼
Крещение

洗礼是所有基督教信仰者都必须经历的首要圣事。举行该仪式时,随着施洗者司祭宣布"以圣父、圣子和圣灵的名义施洗",将受洗者3次浸入水中或往其身上洒水,这意味着受洗者得到神赐而摆脱了以往的非基督徒生活和所有的罪过。随后还要进行圣膏仪式,它表明为受洗者打上了圣灵的印迹。这些仪式过后,要举行第一次授圣餐仪式,使受洗者与基督完全合一,真正成为教会的一员。洗礼作为精神的诞生不能重复,一生只能进行一次。在东正教中,接受洗礼之人的年龄不受限制，从新生儿开始，所有年龄的人都可以受洗，但7岁以上的儿童只有在了解了信仰的基本学说或通过了受洗前的仪式后方可接受洗礼。通常在婴儿接受洗礼时，其教父教母必须出席，他们承担对婴孩信仰教育的责任。受洗婴儿的教名由父母决定，成年受洗者则由自己来决定。如果让司祭来选择教名，他一般会选择纪念日与受洗者生日最接近的圣徒的名字。

洗礼使受洗者承担起基督教徒的重任，将其引入教会的神秘生活，使其有可能参加教会的其他圣事，正因如此，洗礼这一圣事成为信仰的象征。依照东正教神学的观念，洗礼是未来个人复活的雏形，是基督教头等重要的圣事。

夏 娃
Ева

在希伯来语中，夏娃意指生命来源。在《圣经》中，夏娃是亚当的妻子，是上帝用亚当的肋骨做成（《圣经·旧约·创世记》，第2章，第21—22节）。

她是第一个女人和人类之母。她的名字是亚当堕落以后给她起的(《创世记》,第3章,第20节),而夏娃在亚当的堕落中起了致命的作用。为此,上帝用"生产儿女多受苦楚"来惩罚她(《创世记》,第3章,第16节)。夏娃成为撒旦(以蛇的形象出现)和亚当的牵线人,因为她是受撒旦诱惑的第一人,违背上帝的意志吃了禁果,并把亚当引向犯罪(《创世记》,第3章,第1—7节)。她和亚当因此被上帝赶出了伊甸园。

显行灵迹者圣尼古拉
Николай Чудотворец

显灵圣徒尼古拉(?—342)是基督教的大圣徒,他生活在2世纪下半期至3世纪上半期,出生在一个虔信宗教的家庭里。他的叔父是地方教会的主教,在尼古拉很小的时候就把他引领到教会中来。在这个教会中,尼古拉以自我牺牲的精神和虔诚高尚的行为而广为人知。在去圣地朝拜以后,他被选为米拉市的主教,并在这里一直承担这个教职,直至生命终结。他是325年召开的第一次尼西亚普世大公会议的组织者和积极参与者,在会上严厉地斥责了阿里乌斯异端,确立了基督教的《信经》。尼古拉作为圣徒被世界各地教会纪念了十多个世纪,不仅基督教的东西方教会纪念他,甚至穆斯林和多神教的信奉者也崇仰他。显行灵迹者尼古拉的形象逐渐获取了童话色彩,甚至被想像成为圣诞老人。圣徒传对圣尼古拉的评价为"与异端斗争的战士"和"上帝的侍者"。他以生前和死后的众多神迹赢得了很高的荣誉,成为俄罗斯人最尊崇的圣徒之一。他护佑游泳者和旅行者,还是所有受苦受难者、穷人和残疾人的庇护者。据《古史纪年》中的记载,第一座以显灵圣徒尼古拉的名字命名的教堂建于古罗斯接受基督教洗礼约100年以前,在基辅的阿斯科尔德的墓地上落成。在革命前的俄罗斯,显灵圣徒尼古拉的圣像不仅置放在教堂内,而且安放在所有东正教信徒的家中和路边的钟楼里。显灵圣徒尼古拉的纪念日为公历5月22日和12月19日。

协同作用

Синергия

协同作用是神学术语,意为神的非受造力与人的受造力的结合,即在实现上帝救赎世界和人的旨意时人与上帝的协同合作。协同作用的观念对于理解东正教关于人的神化和世界的更新至关重要。这是因为获得救赎必不可少的条件是人的自由与神的恩典的互相联系。这种联系在信徒灵魂提升的不同阶梯上有所不同：在阶梯低层的苦行者自己行动，同时受到神恩的帮助；在阶梯高层的则是神力在起作用，而信徒以自己对至高精神力量的自由接受参与到协同作用之中。东正教神学所强调的是，在这种协同作用中起首要、决定性作用的是神恩。因此，为了达成协同作用，信徒必须向上帝祈祷，尤其是呼唤主耶稣基督的名字的祈祷。神人的名字就是神人协同作用的名称，体现的是上帝的主导作用和上帝的非受造力与人的受造力的密不可分。关于协同作用的学说依据的是《圣经·新约·哥林多前书》中使徒生活的经验。

谢尔盖牧首
Патриарх Сергий

谢尔盖（本名斯特拉戈罗茨基·伊凡·尼古拉耶维奇，1867—1944）是莫斯科和全俄牧首。他出生于阿尔扎玛斯一个神甫的家庭里，毕业于圣彼得堡神学院，通过了神学硕士

论文答辩,曾为在日本的东正教布道团成员,是俄罗斯东正教神圣公会成员。1922年6月,谢尔盖表示支持具有革新思想的自发的教会最高管理机构,但在1923年8月,他向牧首吉洪做了忏悔并得到宽恕。

自1924年起谢尔盖统领下诺夫哥罗德主教区,因"反苏维埃活动"曾两次入狱。1925年12月,临时代理牧首都主教彼得被捕入狱,由于他的推举,谢尔盖接替了临时代理牧首的职务。1927年7月,临时代理牧首谢尔盖同神圣公会一起发表了一份告神甫和教民的宣言书,其中阐明了教会忠于苏维埃国家的立场,表明要同反对苏维埃制度的俄罗斯域外主教们的政治观点和行为划清界限,认为在苏维埃政权日益巩固的形势下,俄罗斯东正教会应该适应新环境下的生存和活动方式。由于这个宣言没有充分表明基督教信仰的坚定不移立场和为维护这种信仰不怕牺牲的精神,引起了一些比较激进的东正教神职人员和信众的不满,最终导致俄罗斯东正教会的分裂,形成了3个支派——莫斯科牧首区教会、域外东正教会和地下教会。后两个支派拒绝承认苏维埃政权的合法性和它干预教会事务的权力。1934年谢尔盖被任命为莫斯科和科洛姆纳的都主教。1937年都主教彼得去世,谢尔盖成为牧首临时代理者。卫国战争爆发以后,谢尔盖表现出鲜明的爱国主义立场,写下了告俄罗斯东正教会教民书，号召他们起来保卫祖国。1943年9月召开的主教公会上他当选为莫斯科和全俄牧首。

谢肉节
Масленица

指大斋之前的最后一周。在这段时间里不允许吃肉食，但可以食用奶酪和其他奶制品，因此谢肉节又称乳酪周斋期。

新圣女修道院
Новодевичий монастырь

新圣女修道院为莫斯科女修道院，由大公瓦西里三世于1524年所建。1598年鲍里斯·戈都诺夫在新圣女修道院应圣召登上沙皇的王位。这座修道院曾是俄罗斯被贬黜者的幽禁地，如公主索菲娅·阿列克谢耶夫娜（17世纪末—18世纪初）。这里还有许多其他建筑，诸如古堡城墙（17世纪末）、斯摩棱斯克大堂（1524—1525）、斋堂（1685—1687）、钟楼（1689—1690），以及众多住房、生产用房和教会活动用房等（17世纪）。1922年修道院

被辟为博物馆（自1934年起成为国家历史博物馆分部）。历史上，这里修女的成分很复杂，曾有17世纪中期从乌克兰和白俄罗斯迁来的一些修女，还有从分裂教派分离出来的长老等等。19世纪末修道院内成立了声誉不良孤儿收容所和学校。1922年修道院被关闭，在这里建立了克洛缅斯科耶主教区。1994年初恢复了部分女修道院。新圣女修道院墙附近有新圣女公墓，那里葬有俄罗斯各界文化名人、苏联国务活动家和学者等。墓地中有众多颇有艺术价值的墓碑。

信 经
Символ веры

信经是对基督教信仰本质教义的扼要阐述。实质上,最早的基督教信经是耶稣基督在橄榄山上教导门徒时所说的一席话:"你们要去,使万民作我的门徒,奉父、子、圣灵的名给他们施洗。凡我所吩咐你们的,都教训他们遵守,我就常与你们同在,直到世界的末了。"(《圣经·马太福音》,第28章,第19、20节)后来,在325年召开的第一次普世大公会议上确定了信经的全文,而在381年召开的第二次普世大公会议上对其做了扩展和补充。依照这些普世大公会议召开的地点,信经被称为《尼西亚-君士坦丁堡信经》或《尼西亚皇城信经》。作为对基督教教义信仰的庄严表白,在举行礼仪时和感恩礼之前都必须诵读或吟唱信经。其主要内容分为12条:第1条,我信独一的上帝,全能的父,天地和有形、无形的万物的创造者;第2条,我信独一的主耶稣基督,上帝唯一的儿子,在万世以前为父所生,出于光而为光,出于真神而为真神,受生而非受造,与父同性同体,万物皆为他所造;第3条,为了拯救我们人类他从天而降,由圣灵和童贞女马利亚而获得肉身,成为人;第4条,耶稣基督为了我们而被本丢·比拉多钉上了十字架,受难,被埋葬;第5条,按《圣经》记载,第三天复活;第6条,我信耶稣复活后升天;第7条,将来他必荣耀地再次降临,对活人死人进行审判,他的国将永久长存;第8条,我信圣灵这赋予生命的主,他从父而出,与父、子同受敬拜,同享尊荣,通过众圣先知传达自己的话;第9条,我信独一的圣大公和使徒的教会;第10条,我信基督徒一生只有一次的圣事洗礼;第11条,我望死人复活;第12条,并有来世生命。

信 仰
Bepa

从最一般的意义上来说,信仰是对真理的初始直觉和人意识的奠基因素,它不需要外在证明。而对于基督徒来说,信仰的经典概念是使徒保罗在《圣经·新约·希伯来书》中所阐述的:"信就是所望之事的实底,是未见之事的确据。"(《希伯来书》,第11章,第1节)依照东正教的理解,基督教信仰不仅仅是对上帝存在的主观和模糊的感觉,也不是对传统权威的盲目无个性追随,而是基督徒完全个人的对作为神人和救主的基督形象的宗教参与。正是由于基督拥有绝对的道德美和精神力量，人才能无条件地在心中接受这个活生生的形象，去了解教会信仰的超民族因素，包括大公会议确认的和为神学所认定的关于上帝、世界和人的学说。从基督教的神学特质而言，信仰不仅是人的自由行为，而且还是上帝的恩典。东正教信仰可以归结为如下诸点：第一，是人在内心深处与救主基督的神秘联系；第二，信徒从精神上接受教会的信条，决心在个人的生活中坚守这些信条，在与基督教信仰反对者的争论中宣传并捍卫这些信条；第三，无条件地相信上帝是世界的主宰和创造者、拯救者。

东正教与非东正教信仰的其他学说不同，不局限于对信仰的必要性和为获得救赎必须做善事的教诲，它还指出，与神的真正合一和人的神化是个人精神发展的至高目的。当人由于客观原因（患重病、夭折等）不能实现无愧于教会信仰的行为和精神苦修时，东正教传统承认他信仰的虔诚，并为其灵魂获得救赎而举行圣礼。

修道院

Монастырь

修道院为修士团体的组织形式,其中的修士和修女有统一的规章并由院长管理。在教会和行政隶属关系方面,修道院或从属于所在教区的主教,或直接从属于牧首,在后一种情况下称为牧首直属修道院。最大的修道院称为大修道院。最早的修道院出现在4世纪,是由大帕霍米组建的,后来扩及整个基督教世界。基辅罗斯最早和最大的修道院为基辅洞窟修道院。修道院还指宗教活动用房、住宅和生产用房的综合体,它附属于修道院或修士团体,通常与周围隔离开来。

修道院院长
Игумен

在古罗斯，修道院院长是修道院的掌管者，包括所有的男修道院和女修道院。从 1764 年开始，专指三级修道院院长，他们的权利和职责同任何其作修道院的院长完全相同。三级修道院院长与一级和二级修道院院长（修士大司祭）的差别仅仅在于服饰：在举行宗教仪式时，他身穿普通修士披风并戴方佩，而一、二级修道院院长身着带教职标识的披风，胸前佩戴十字架、方佩，头戴圣冠。这个头衔有时还作为奖励赐予修道士神职人员，相当于白神品的首席司祭，与修道院院长的职务无关。

修 士
Монах

修士是弃绝尘世生活把自己完全献给上帝、一心侍奉上帝的基督教信徒。他们立下约言，发誓坚守顺从、禁欲和独身的戒规，同时要行剪发礼，表明其无条件地绝对服从上帝的意志。在东正教传统中，修士放弃世间生活并不是因为厌恶上帝创造的世界和生活的快乐，而是渴望摆脱

欲望和罪恶。修士生活的目的是回归最初人类所固有的天使的纯洁和无罪,改变自己被罪恶毁坏的人的本性,在神赐力量的帮助下为世界和世俗的痛苦专心致志地向上帝祈祷。东正教修士按其所立的约言分为三类:第一类为穿长袍的见习修士,他们为成为小圣衣修士而做准备;第二类为小圣衣修士,他们立下顺从、禁欲和贞洁的约言;第三类为大圣衣修士或天使圣衣修士,他们许下约言脱离尘世和世间的一切。修士阶层产生于3世纪,最初是一些沙漠隐修区的隐居修道者,后来,在4世纪停止了对基督徒的迫害以后,修士的数量多了起来。拜占庭的修士在埃及、叙利亚和巴勒斯坦的沙漠居住下来。4至5世纪时期,修士分为三种:一是共同居住的;二是在荒漠独居的;三是2到3人一起居住的。古罗斯在接受基督教以后便出现了修士，最早的修士生活的奠定者为洞窟修道院的苦行修士圣徒安东尼和费奥多西。

修士大司祭
Архимандрит

修士大司祭是从 5 世纪起希腊教会对修道院首领使用的称谓。最初，修士大司祭是主教从修道院院长中选出以监视主教区修道院的神职人员；后来，修士大司祭变为最重要的修道院首领的头衔；再后来，修士大司祭用来指称具有教会行政职务的修士。在俄罗斯东正教会中，修士大司祭的称呼是对修道院神职人员的至高奖励（相当于非修士神职人员白神品的首席司祭和大司铎）。古罗斯首次使用这个称谓是在 1174 年，以此称呼基辅洞窟修道院院长波利卡尔普，同时还用了洞窟修道院院长的称谓。后来，1226 年在诺夫哥罗德的尤里耶夫修道院使用过这一称谓；1230 年在弗拉基米尔的罗日杰斯特文斯基修道院也用过这个称谓。

殉道者
Мученик

殉道者是为耶稣基督的信仰而忍受苦难并接受痛苦死亡的基督教信徒,他们也被封为圣徒。

Y

亚当 Adam
亚历山大·涅夫斯基 Александр Невский
亚历山大·涅夫斯基大修道院 Александро-Невская лавра
耶稣基督 Иисус Христос
耶稣救赎 Искупление
伊拉里昂 Иларион

伊萨基大教堂 Исаакиевский собор
异端 Ересь
淫乱 Блуд
隐修处 Скит
欲望 Страсть
约瑟·沃洛茨基 Иосиф Волоцкий

亚 当
Адам

在《圣经》中，亚当是上帝造的第一人，是按照"上帝的形象"被创造出来的。根据《圣经》中《创世记》的记载，上帝又用亚当的肋骨创造了夏娃，他们共同生活在伊甸园里。夏娃受魔鬼（又称撒旦）引诱，违背神意偷吃了善恶树上的禁果，并且给亚当吃，他们由此堕入了人类的原罪。这是人类堕落的开始，从此，他们注定要承受罪孽和死亡的命运。亚当和夏娃被上帝逐出了伊甸园，亚当要做艰苦的劳动，而夏娃必须忍受生育的痛苦。亚当的堕落是基督教信条的中心之一。如果说，罪恶和死亡通过亚当进入了尘世，确立了地狱对人的权力，那么人通过耶稣基督即"第二个亚当"获得了恩赐的救赎，最终得到了拯救和永恒的生命。信奉基督的人在洗礼的圣事中去除了人类承袭的原罪，成为"第二个亚当"的后代。《圣经》中说，亚当活了930岁（《创世记》，第5章，第5节）。按照教会的传说，亚当被埋葬在各各他，这正是后来耶稣被钉上十字架的地方。

关于《亚当》这个名字的含义没有统一的诠释，更多的说法认为它是译自希伯来语的"人"或"红色的"，"红色的"可能是指亚当是用红色黏土所造。

亚历山大·涅夫斯基
Александр Невский

亚历山大·涅夫斯基（1220—1263）是被宣圣的古罗斯的一位公，他的卓越功勋是战胜了瑞典军队（1240）和十字军（1242）。在与西方的战争中，他依靠了鞑靼蒙古人的军队。亚历山大·涅夫斯基在临终前，以阿列克谢之名成为修士。对这位战功卓著的公的敬拜，具有空前的国家意义。俄国历史上每一个时代都会以自己的方式来纪念这位杰出的活动家。莫斯科大公国时期，他获全俄封圣（1547）。彼得一世确立了对亚历山大·涅夫斯基的国家级崇拜，将他与使徒彼得和保罗一起尊奉为圣彼得堡的天上庇护者。苏联时期，卫国战争开始以后，这位封圣公的形象重新获得了全民族和国家意义。1942年，苏联政府恢复了亚历山大·涅夫斯基勋章，历史上首次颁发这一勋章是在1725年。亚历山大·涅夫斯基的纪念日为公历12月6日。

亚历山大·涅夫斯基大修道院
Александро-Невская лавра

全称为圣三一亚历山大·涅夫斯基大修道院。1710年由沙皇彼得一世颁令建造,据说所选择的地点是亚历山大·涅夫斯基战胜瑞典人的地方。1724年亚历山大·涅夫斯基的圣髑由弗拉基米尔移至此处。从1742年起,该修道院成为彼得堡都主教府邸,因为他兼任修道院院长。这座修道院的名称是1797年授予的。革命以前,那里有宗教学校、神学院及宗教惩戒委员会。1917年亚历山大·涅夫斯基大修道院被关闭,1994年重新得到恢复。这座修道院附设有三座墓地,埋葬着俄罗斯的一些著名人物。

耶稣基督
Иисус Христос

"耶稣"是希伯来语"约书亚"的希腊语转译,其意为"上帝拯救";"基督"是希腊语,意为"弥赛亚、受膏者",指神人,他将人和上帝的全部本性统一于一体,是上帝的儿子,同时承载了人的所有和具体的本性。这是由于他的生母是尘世之人童贞女马利亚。耶稣基督是基督教的奠基者。最初,耶稣基督在巴勒斯坦北部的加利利传道,后来他遭到犹太文士的强烈反对,因为他们完全不能理解耶稣基督所倡导的这种新的宗教和道德教训。遵照犹太人宗教裁判机构(长老会议)的决定,大约在公元30年左右,罗马当局在距耶路撒冷不远的地方把耶稣钉上了十字架。耶稣在死后3天复活,然后升天。

关于耶稣基督在世间的生活、传道活动、死亡和复活,四卷《福音书》的正典和许多福音伪经中都有记载。不过,福音正典(《路加福音》第2章第41—52节除外)所讲

的只是耶稣基督出生、婴儿时期的情况和他从洗礼到升天所从事的活动,并没有写出耶稣基督的全部言行。所以,只以四卷福音为依据不可能写出救主生平的全部经历。

就东正教学说而言,基督耶稣是上帝的儿子,也是人的儿子,是圣父为了救赎有罪的人类而派到世间来的,他把上帝和人联结在一起,把上天和世界联结在一起,即道成肉身。耶稣基督既是完全的神,又是完全的人,神性和人性既不相融合,也不相分离,而是在个性的统一中互相结合在一起。在东正教神学中,关于耶稣是神人的学说同基督以其死与复活为人类赎原罪的学说有机地联系在一起,并同能够改变人的本性的圣灵的相关学说以及关于基督教会的学说联系在一起。教会的圣事,尤其是圣餐仪式,使基督徒有可能实际领受到圣体血,这使信徒深信:在耶稣基督为使人类获得救赎而被钉上十字架以后,人为了求得救赎,必须虔诚地信仰基督,成为教会的一员。

基督教神学认为,《圣经·旧约全书》贯穿着对未来的上帝、应许的弥赛亚(即救主)的预见。甚至那些怀疑耶稣神本性的人也认为,他是所有历史活动家中最伟大的一位,这一点只要看他奠定了改变人类命运的最重要历史转折的基督教和教会就足以了。从个人、思想家和德行方面而论,他也是独一无二的现象,是人类历史上唯一的真正奇迹。让我们认识和了解耶稣基督的《福音书》，至今依然是思想家、哲学家、艺术家和诗人取之不尽的灵感源泉。

耶稣救赎
Искупление

就神学的表面意义而言，救赎是指耶稣基督为赎人的原罪在十字架上受苦受难直至死亡的牺牲。实质上，东正教并不赞同神学的律法和道德流派对耶稣救赎人类的观点，而是遵从东正教信仰的传统，探寻对耶稣基督救赎的宗教本体论理解，赋予其上帝对人的意旨与人的本性实际和解的意义。从这一观点而论，耶稣基督在十字架上的牺牲不是为了平息上帝的愤怒，而是为了使犯罪并死亡的人的本性得以复生。

伊拉里昂
Иларион

伊拉里昂（11世纪）是圣徒，基辅的都主教，是出任东正教会都主教的第一位俄罗斯人。1051年在智者雅罗斯拉夫大公的极力推荐下，伊拉里昂在没经过君士坦丁堡大牧首批准的情况下，被选为都主教辖区总主教。伊拉里昂是著名的《法与神赐》（约1049年）一书的作者。这部著作是俄罗斯第一部论述东正教思想的珍贵文献，拥有深刻的神学内容。它表达了一种理念：弗拉基米尔大公使古罗斯接受基督教洗礼这件事，对于俄罗斯这片土地具有巨大的历史意义。这部具有鲜明辩论性和天才艺术性的著作充满了对自己祖国的骄傲和自豪，首次意识到信奉东正教的罗斯在世界历史上的地位。依照当代研究者（包括 Д.С.利哈乔夫等）的推断，在智者雅罗斯拉夫后继者的当政时期，由于与拜占庭的关系有所改善，希腊的主教重又占据了都主教的教职，伊拉里昂则削发为修士，进入基辅洞窟修道院，教名为尼康（即大尼康）。俄国最早的编年纪事中就有他的篇章。他的纪念日为公历5月4日。

伊萨基大教堂

Исаакиевский собор

伊萨基大教堂是为纪念圣伊萨基·达尔马茨基所建,是彼得堡的主要教堂,在彼得大帝的诞辰日落成。教堂的建造始于1768年,即叶卡捷琳娜二世当政期间。在彼得一世生前,其附近已经建起了两座木制教堂,但都被大火焚毁。后因叶卡捷琳娜二世的去世,修建第三座更宏伟的大教堂的工程被中断。保罗一世改变了建造教堂的计划,在原来用大理石盖到屋檐的教堂上端改用砖来建造,使教堂的新、旧两个部分十分不协调。1817年沙皇亚历山大一世采用了蒙费兰的方案，在经过建筑方案的修改以后，教堂于1858年落成。教堂建筑所用大多为昂贵的进口材料。教堂穹顶饰有 К.П.布留洛夫构绘的巨幅圣像画，描绘了圣母在天庭与一大群圣徒在一起的场面。教堂拱顶布满 Ф.А.布鲁尼、П.В.巴辛等著名画家的圣像画。主圣坛的圣像壁几乎高至教堂的拱顶。在青铜铸成的华美圣像壁正门上方饰有 П.К.克洛特的一组雕塑，圣像壁上有四排圣像，由 К.П.布留洛夫、С.А.日瓦格等人在画布上绘制的油画构成。后来，这些油画圣像被复制的马赛克所取代。主祭坛后面的窗户上镶入了基督复活的巨幅透明画。副祭坛供奉的是圣亚历山大·涅夫斯基和圣叶卡捷琳娜，由白大理石筑成。

异 端

Ересь

异端指的是与东正教会教义相敌对的信仰。2世纪至4世纪时期异端传播很广，其表现形式为对一系列神学概念，诸如耶稣基督、圣母和圣三位一体等在本质上做出错误的诠释。东正教认为这些错误的主要原因是因为一些伪导师的神学神秘主义经验不足，用理性哲学的理论偷换上帝启示的真理，接受了其他宗教的影响。从东正教的观点而论，异端观念的产生还源于虚假知识和头脑高傲。只要发现异端，基督教就会把他们革出教门。基督教同早期教父和教会导师的异端邪说的斗争促进了东正教会对教义的正确把握和对教规的严格恪守。

就对俄国社会的影响程度而言，第一个最明显的异端是斯特里戈尔尼克派的学说，它产生于诺夫哥罗德-普斯科夫地区。这个教派从批评为获取神甫职务要缴纳报赏金的教会做法开始，继而否定教会的教阶和仪典、圣事的救赎作用，包括洗礼、安魂礼仪和为亡者的祈祷等，直至否定灵魂不灭的基督教宗教观。1375年这个异端的传教士、辅祭卡尔普和尼基塔被诺夫哥罗德的最高权力机构——市民大会判处死刑。15世纪末至16世纪初，诺夫哥罗德和莫斯科的另一个异端日托夫派开始传播。日托夫派不承认基督耶稣作为弥赛亚的救世意义，不敬拜圣三位一体、复活节、教会、修士、十字架、圣像和圣徒的遗物，宣传遵行摩西律法，按犹太人的习俗过复活节，等待"真正的"弥赛亚的到来。1504年这个异端的主要代表者依据教会会议的决定被当局判处了绞刑。16世纪，一个唯理论异端流传开来，为首的是斜眼的费奥多西。费奥多西反对一切权威，认为，教会既然主张对圣徒的崇拜,就应该崇拜死者。他十分强调物质生活的重要性,并且认为人应与上帝平等。斜眼费奥多西的学说显然是受到了欧洲唯物主义、无神论和人道主义的影响。17世纪前半期,罗斯又出现了鞭笞派(或称基督派)的宗教神秘主义教派,他们自称"神人"。这个异端教派认为基督无个性,他似乎总是以人们认定的样子出现在人们之中,正因如此,可能同时会有许多个"基督"存在。鞭笞派相信灵魂的迁移,用严酷的长时间斋戒来实现禁绝肉欲,称之为"憋死"。18世纪后半期,从鞭笞派又分离出了阉割派,这个异端在残害人的本性方面做出了极端残暴的宗教行为。19世纪末到20世纪初,列夫·托尔斯泰被东正教会视为异端,受到教会的谴责,并被革出了教门。教会认为,托尔斯泰不相信基督的神性、灵魂不灭和教会的圣事,按自己的观点诠释基督教的戒律,并且窜改了《福音书》的文本。当今,在世界各地都有许多新宗教学说流传,出现了许多神秘主义崇拜和极权主义教派,它们往往利用一些从基督教中借用的形象、象征和概念来达到自己的目的。从宗教的观点而论,这些极其有害的异端威胁着人的灵魂的善德、头脑的清醒和身体的健康。

淫 乱
Блуд

指违背上帝在西奈山向摩西颁布的十条诫命（十诫）中的第7条"不可奸淫"的行为。由此人将丧失贞洁，陷入淫逸、放纵，偏离正确的人生道路。

隐修处
Скит

隐修处是独居隐修士的住所，在修道院内是完全独立或相当自主的。隐修处的生活是修士集体居住与隐修独居苦行修道之间的过渡形式，但财产、劳动和饮食是共同的。通常，隐修处由两三间小屋组成，修士在里面单独居住。一般情况下，隐修处都远离修道院。

欲 望
Страсть

指非常强烈且固定不变的内心渴望，它控制着人的思维,大多数情况下在道德上是否定的,淫乱和欲望相伴而生。东正教的苦行者认为,所有的欲望都是犯罪意志的习惯性反应和嗜好,是一种灵魂深处反对上帝的欲求,与西方理解的骄傲相等同。欲望是错误的动机和渴望,它导致思想、语言和行动的犯罪,破坏灵魂的内在世界,毁坏人的生活。东正教固有一种理念:人类的始祖由于犯了原罪而堕落、变坏,使罪深深地进入了人的灵魂。欲望通常是指贪食、淫乱、贪财、忧虑、愤怒、沮丧、虚荣和高傲等。按照人本性的三部分构成机制,欲望的层递应为肉体、灵魂和精神(智慧、思想)。东正教徒的主要使命就在于同欲望的"精神战斗",并且从东正教的传统理念而论,人只靠自己的力量无法战胜欲望,所以,不能完全信赖自己,应该永远寄希望于上帝的帮助。

约瑟·沃洛茨基
Иосиф Волоцкий

约瑟·沃洛茨基(本名伊凡·萨宁,约1440—1515),是东正教会圣徒、修道院生活的杰出组织者、作家、政论家、神学家、教会社会服务思想的支持者。他出身贵族,到修道院去投奔了修士圣徒、拉多涅日的圣谢尔盖的门徒帕夫努季·博罗夫斯基。在修道院里，约瑟接受了严格的教育。他在距沃洛科拉穆斯克20俄里的地方建立了一座提供食宿的修道院，制定了森严的教规。与此同时，约瑟还积极参与了激荡国家生活的所有重要事件。他与反对东正教的异端学说进行了不懈的斗争，撰写了《光照者》一书，旨在反对异端的"日托夫派"，同时论及教会和国家的重要问题。他在书中清楚地阐明了沙皇专制制度的概念，提出了区分东正教国君与专制暴君的权力的准则，这些思想对俄罗斯东正教意识具有奠基作用。依照约瑟的看法，沙皇同所有基督教信仰者一样，应该在灵魂深处服从基督教信仰和道德的原则，而信奉东正教的臣民应只对国君的沙皇给予尊敬，不能将其作为神来敬拜。脱离开东正教信仰和真理的国君不是沙皇，而是给人民带来苦难的人，他自身受着欲望和罪恶的控制，他不是上帝的仆人，而是魔鬼的仆人。约瑟强调指出，这样的沙皇完全不了解使徒保罗关于上帝权力来源的学说。因此，东正教信仰者不应服从这样的统治者，臣民应将这点视为自己对国家应尽的道德义务。1503年的教会大公会议上，约瑟战胜了以圣尼尔修士为首的无恒产主义者的影响，捍卫了修道院对土地的所有权。约瑟·沃洛茨基以众多的教堂演讲创造了俄国教会史上的一个时代，其宗教思想的影响是巨大的。约瑟·沃洛茨基于1591年被封为圣徒，他的纪念日为公历10月31日。

Z

斋戒 *Пост*
主的坟墓 *Гроб Господень*
主教 *Епископ*
主教公会 *Синод*
主教神品 *Архиерей*
主进圣城节 *Вход Господень в Иерусалим*
主进堂节 *Сретение Господне*
主领洗节 *Крещение Господне / Богоявление*
主升天节 *Вознесение Господне*
主受难周 *Страстная седмица*
主显圣容节 *Преображение Господне*

祝福 *Благословение*
祝圣水仪式 *Водоосвящение*
追思亡人礼仪 *Заупокойное Богослужение*
自由 *Свобода*
自由意志与恩典 *Свободная воля и благодать*
宗教复兴 *Возрождение религиозное*
宗教会议 *Собор*
宗教哲学 *Религиозная философия*
宗教哲学复兴 *Религиозно-философский ренессанс*
罪 *Грех*
最后的晚餐 *Тайная вечеря*

斋 戒
Пост

斋戒是宗教生活的戒律之一，斋期是宗教生活集中的时期，期间要增加祈祷，禁食动物类食品。斋期分为一天和多天。一天的斋戒在全年的每个礼拜三和礼拜五，有几个礼拜、十字架节、先驱约翰蒙难纪念日及前夕除外。多天的斋戒在大斋期（7个礼拜）、圣使徒斋期（五旬节后过一个礼拜，到圣使徒彼得和保罗节［公历7月12日］结束）、圣母安息斋期（两个礼拜，公历8月14至28日）、圣诞节前的斋期（公历11月28日至1月6日）。在一日斋戒的前夕和多日斋戒期间不可举行婚礼。

主的坟墓
Гроб Господень

它是基督教最伟大的圣物之一，位于耶路撒冷的基督复活圣堂中。依照《福音书》的记载，此处是耶稣基督从十字架上被卸下来之后葬身和复活的坟墓。这里会举行教会的大祭礼仪。每年大周六（主受难周）中午一点钟左右，在耶路撒冷牧首的亲临下，上帝所赐圣火进入主的坟墓，

在圣堂中牧首用它点燃蜡烛。这个神迹被东正教视为其信仰的真理性和基督复活时间计算准确性的见证。4世纪首次提到上帝所赐圣火进入主的坟墓这个神迹,这也是圣堂落成之时。

主 教

Епископ

主教是教会教阶最高的第三级神品的代表者,选择和授予这个职位必须严格遵照古代教会的规定。依照第6次普世大公会议第12条规则,主教不应结婚,虽然这并不表明他一定要成为修士。不过,主教过修士的生活自古以来已成为一种惯例。主教职位的特有权力是：有权授予辅祭和司祭的职务，有权授予全体教士的下层职务，为举行涂圣膏圣事预先圣化膏油并圣化教堂，将圣髑和祭台布放在教堂中。常住和临时居住在主教辖区的所有教会成员都应服从主教的权力。东正教会的所有机构，如神学院、本教区教会学校和部分其他学校、主教区修道院（牧首直属修道院除外）以及宗教团体和教区慈善救济机构等，都必须服从主教的权力。主教的权力还包括为神甫和辅祭颁发任职证书，为即将进入修道院的信徒剪发或批准其剪发，批准在城市和乡村（首都除外）修建教堂和修复毁坏的教堂（古代教堂除外）。

在东正教的传统中，主教被认为是使徒权力的继承者，他们的使命是在尘世继续履行使徒的职责，是教会团体的领导者。所有东正教主教就神赐的职责而言一律平等，他们之中绝不会出现罗马教皇那样的"最高主教"。

主教公会
Синод

主教公会的全称为至圣全俄正教院主教公会，由彼得一世创建，于1721年2月14日正式成立。之所以要建立这个宗教机构，是因为彼得一世认为，教会最高权力体系必须改变。主教公会取代了牧首的权力，用现在的话来说，它成为一种执掌东正教会事务的"部"。彼得一世所进行的改革不仅表现出君主及其同僚的信念，而且还表现出17世纪末至18世纪初欧洲风行的国家和教会管理体系。依照这种理念，国家和教会机构的最好体制为"院"。彼得一世决定采用这种体制。他命令俄罗斯东正教会的开明主教费奥凡·普罗科波维奇为"宗教院"拟定"宗教章程"。由此，主教公会成为俄罗斯东正教会的最高权力机构之一，在地区宗教会议和大公会议召开期间履行中央法律、执行和审判的权力。

现今主教公会处于牧首的领导之下。依照东正教1988年的章程，主教公会设5位常任成员，他们是：掌管全乌克兰东正教事务的基辅和加里西亚的都主教，列宁格勒和诺夫哥罗德的都主教，克鲁季齐和科洛姆纳的都主教，以及莫斯科牧首辖区事务主管和教会对外关系部主席。他们的职责是管理莫斯科牧首管辖区的宗教事务和教会的对外关系等。此外，主教公会还设有5位临时成员，他们的职务为主教区主教。主教公会事务的处理需得到参加会议的所有成员的一致同意或大多数人的同意。在赞成和反对的人数各半的情况下，主席的意见起决定性作用。牧首有权中止主教公会的决议，自己做出决定并提交大公会议审核批准。

1721年至1918年期间，主教公会一直是教会行政权力的最高机构，取代了牧首，因此公会名称前冠有"至圣"这一牧首尊号。在不同时期，主教公会由不同数量的主教组成，常任成员和临时成员的数量均非恒定。革命前主教公会的成员由沙皇任命，而主教公会会议由国家政权的代表者——至圣主教公会的正教院事务大臣主持。1917年俄罗斯东正教会恢复了牧首制，在主教公会被废除后成为莫斯科和全俄牧首的咨议机关。

主教神品
Архиерей

在希腊和俄罗斯教会中，这一称谓是最高，即第三级神品神职人员的统称，与主教（Иерарх）和大牧师（Архипастырь）同用。主教是教会的领导者，他有神授的主持所有圣事和领导教会生活的权利。每一位主教（辅理主教除外）都负责管理主教区。在古代，主教按其管辖职权的大小又分为主教、大主教和都主教。现在这些称号都作为荣誉称号而保存了下来。地区宗教会议从主教中选出牧首,他对地区教会实施终身领导(有一些地区教会由都主教或大主教来领导)。依照基督教的教义,使徒从耶稣基督那里获得的恩典通过授圣职仪式传至大牧师。由于主教应是未婚者,因此俄罗斯东正教通常多从修士神职人员中挑选主教。对主教的正式称呼是"圣似的主教",而非正式称呼通常是"主宰"。对大主教或都主教的称呼是"圣似的大主教",对牧首的称呼则是"至圣似的牧首"。

主进圣城节
Вход Господень в Иерусалим

东正教会的十二大节日之一,节期在大斋期的第6个礼拜日,即耶稣复活的前一周。主进圣城这件圣事发生在耶稣基督在世生活的最后时日。耶稣基督决定像他的先祖大卫王那样骑驴进耶路撒冷,因为当时东方对驴的评价

甚高。基督进圣城的目的是想向众人宣布他是弥赛亚，即救主。从各地云集到耶路撒冷的民众对耶稣基督和陪同他的使徒进行了隆重的迎接（《马太福音》，第21章，第9节；《马可福音》，第11章，第7—9节），他们将基督视为王和救主，用棕榈树枝为他铺路（在古罗斯所使用的是横柳树枝）。人们对基督的隆重欢迎引起了法利赛人的愤怒和恐惧。当耶稣基督的队伍抵达圣城的城墙下时，有人发问："这是谁？"基督的支持者高呼："这是耶稣，是从加利利的拿撒勒来的先知！"

俄罗斯东正教会将这个事件看作救主为世界的罪所做的自我牺牲，将他作为死亡的战胜者来赞颂。

这个节日又称棕枝主日。

主进堂节
Сретение Господне

东正教会十二大节日之一，节期在公历2月15日。这个节日是为了纪念耶稣在婴儿时期与西面长老的会面。依照《旧约》的律法，耶稣出生40天后被带到耶路撒冷的圣殿，以便举行献给上帝的仪式。西面长老认出耶稣即是救主弥赛亚,他把婴孩抱起来,预言了他的救世大任(《路加福音》,第 2 章,第 22—35 节)。这个事件的主要意义在于《旧约》与《新约》的汇合与充满恩典的继承性。

主领洗节
Крещение Господне / Богоявление

东正教会的十二大节日之一,节期在公历 1 月 19 日。这个节日是为了纪念《福音书》所描述的耶稣基督在约旦河接受施洗约翰洗礼的这件圣事。《福音书》见证了这一事件。在基督接受洗礼时,圣灵幻化为鸽子降临在他身上,与此同时从天庭传来了天父上帝的声音。这一切在《马太福音》和《马可福音》

中都有记载:"耶稣受了洗,随即从水里上来。天忽然为他开了,他就看见神的灵仿佛鸽子降下,落在他身上。从天上有声音说:'这是我的爱子,我所喜悦的'。"(《马太福音》,第3章,第13—17节)在主领洗节这一天,东正教会要对天然水体——主要是教堂里的水进行圣化,并将圣水赐予信徒。

这个节日还称为主显节,因为上帝在这一天以三个位格向世界显现:圣子——耶稣基督,他接受了洗礼;圣灵——以鸽子的形象显现;圣父——以从天庭发出的声音来体现。

主升天节
Вознесение Господне

东正教会的十二大节日之一,旨在纪念耶稣基督升天的重大历史事件,节期在复活节后的第40天。救主死而复活以后,在尘世停留了40天。在第40天,他带领门徒到加利利去,来到约定的山上。他们登上山顶以后,门徒们以为耶稣基督要宣布自己在尘世的救主王国的建立,而基督却忧伤地指出了他们的不理智,然后给他们讲述了未来即将发生事件的真正意义，并许诺赐予他们圣灵。在赐予他们最后的祝福以后，基督离开他们升上天空，天上的一朵白云遮住了他。人们听到了天使的声音："这离开你们被接升天的耶稣，你们见他怎样往天上去，他还要怎样来。"（《使徒行传》，第1章，第11节。）在4世纪和5世纪，主升天节成为了基督教会共同的节日，后来逐渐形成了这个节日独有的礼仪，由著名的教会称颂者大马士革约翰的教规所定。主升天节没有固定的节期，根据复活节日期计算。

主受难周
Страстная седмица

主受难周为大斋期的最后一周。教会在这一周的每天都有不同的安排，用这一周时间来纪念耶稣基督的受难和死亡。正是在基督的苦难中，上帝创造的原初世界得到了

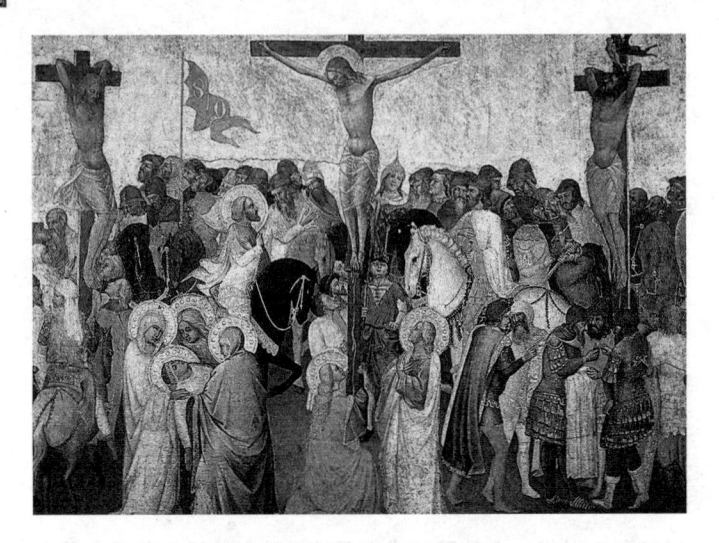

恢复和革新。因此,在教会的意识中,主受难周是对创世六天的纪念,尽管该阶段礼仪的主题是世上生活的事件和基督在十字架上的死亡。主受难周每天都有不同的安排:大周一回忆旧约义人圣约瑟、基督在世上生活的最后日子和关于不结果实的无花果树的寓言,它展现的是在罪中毁灭的不知悔改的人的形象;在大周二的礼仪中陈述救主对法利赛人所提诡诈问题的回答,教会提示了基督的再来和末日的审判;大周三回忆基督为救赎人类而死和在基督下葬前为他涂圣膏的女人;大周四(又称净身周四)回忆基督和门徒的最后的晚餐、客西马尼园的祈祷、救主的被捕、大祭司和罗马驻犹太总督本丢·彼拉多的审判;大周五回忆耶稣基督被钉十字架受难,但这一天不举行大祭礼仪(如果大周五同圣母领报节相重合,则举行金口约翰大祭礼仪);大周六回忆基督肉身被埋葬,他进入地狱并解救出义人。在耶路撒冷,这一天在基督复活大教堂会降下圣恩之火,它将降到主的灵柩之上。午夜时分在教堂周围开始宗教游行,然后举行耶稣基督复活庆典。

主显圣容节
Преображение Господне

东正教会的十二大节日之一,节期在公历8月19日。《马太福音》《马可福音》和《路加福音》都讲述了耶稣显荣的圣事:在8月19日这一天,耶稣带领他的门徒彼得、雅各和雅各的兄弟约翰登上了法沃尔山。耶稣在他们面前"变了形像,脸面明亮如日头,衣裳洁白如光。忽然,有摩西、以利亚向他们显现,同耶稣说话"(《马太福音》,第17章,第2、3节),就在此时,"忽然有一朵光明的云彩遮盖他们,且有声音从云彩里出来说:'这是我的爱子,我所喜悦的,你们要听他'"(《马太福音》,第17章,第5节)。这三卷《福音书》中所描述的这个事件可能是基于当时在法沃尔山上使徒的讲述。在东方基督教中主显

圣容节有极深的神学涵义：其一，基督向他的门徒显现出他复活后的状态，变容并不是发生在神人基督身上，而是发生在使徒们身上，是救主打开了他们精神的眼睛，使他们目睹了神的荣耀；其二，使徒亲眼见到了通过祈祷实现圣化的真实情景，在这个意义上，主显圣容节是基督给门徒提供的与上帝神秘交流的原型，它预先决定了东正教传统的宁静主义宗教活动的规则；其三，主显圣容节是受造之物和"未来时代"生活圣化的原型，这正是神人救赎事业的意义。俄罗斯在主显圣容节会把水果（主要是苹果等）圣化，因此这个节日在民间又称"祝圣苹果的救主节"。

祝 福
Благословение

　　祝福来自于上帝，是传递圣灵恩典的仪式，通过神职人员、父母或德高望重的人来实施。祝福有以下四种表达方式：其一，司祭或主教念诵的礼拜赞美词，分为礼仪上的、彻夜祈祷及其他礼仪之前的赞颂词；其二，用十字圣号、十字架、圣像、《福音书》或用手给被祝福者画十字来表达祝福；其三，宗教导师在允准被教导者（如神职人员对平信徒、司祭对辅祭、修道院院长对修士等）做出某一行为时所诵读的祝福词；其四，为拿到教堂里以备彻夜祈祷等用的面包、葡萄酒和圣油及主显圣容节时用的水果上洒圣水。在《圣经》出现以后，上帝的祝福被赋予极大的意义。《新约》中，耶稣基督曾为孩子和使徒祝福。在当代生活中，对于东正教信奉者来说，这种祝福依然起着不小的作用。

祝圣水仪式
Водоосвящение

　　指水被除祭祀，是教会仪式的称谓，产生于古代基督教的祭祀活动。举行仪式时，司祭或主教一边念相应的祈祷词，一边将十字架往水里浸三次，以祈求上帝的祝福降至水中。水的圣化地点没有差别，无论是在教堂、家中，还是天然的水域，都可以举行这种仪式。东正教会有大祝圣水仪式和小祝圣水仪式两种仪典。大祝圣水仪式在主显节前夕和主显节当天的午祷之后举行，它的特点是异常庄重：通常在河上举行，也可以在泉水或井水中举行，视环境条件而定。信众的行列来到圣典举行的地方，犹如到约旦河去的宗教游行。小祝圣水仪式没有大祝圣水仪式那样庄严，可以按信徒的愿望在任何时间举行。通常小祝圣水仪式一年举行两次：一次是复活节中间节日的礼拜三，另一次是救主基督施生命十字圣架之宝木巡游纪念日。此外，在教堂奉献日仪典之前也会举行小祝圣水仪式。圣水在仪式之后不能再作他用。

追思亡人礼仪
Заупокойное Богослужение

依照基督教的理念，教会的祈祷会让死去的人减轻或者摆脱死后遭受的痛苦，因此，教会为了使逝者的灵魂得到安息要进行一系列祈祷，这也是为了使亡者得到上帝的

宽恕。追思亡人的礼仪包括：1）司祭在每天举行的追思礼仪上为亡者祈祷；2）安息祈祷仪式；3）专门的安息—荐度仪轨和葬礼前为亡者举行的安魂礼仪。纪念亡者的礼仪在其死后的第 3 天、第 9 天、第 20 天和第 40 天举行。在其出生日、命名日和死亡日也都要举行相应的纪念仪式。

自 由
Свобода

在哲学中，自由有许多含义，诸如：被意识到的必然性，选择和自我实现的自由，公民的自由，思想和良心的自由，完成自己义务的自由，真理中的自由和按自己意志生活的自由等。而在基督教的理念中,自由具有的是符合基督教教义的含义。基督教思想家把自由分为:人本身所固有的、在堕落以后没有失去的自由;人在信仰上帝以后获得的自由,它存在于遵从上帝意志并使其在生活中实现的精神努力中;神赐的"基督中的自由"。一些宗教哲学家和神学家认为,有一种自由是精神生活的条件,还有一种自由是精神努力的成果。奥古斯丁认为,真正的自由是怀着喜悦去完成的正义事业,这种自由只有当人真正遵从圣言、跟随基督的时候才能获得。为了获得至高的自由,人的救赎是必须的。在俄罗斯的宗教哲学中,H. A. 别尔嘉耶夫的思想具有一定的代表性。他说:"自由把我引向了基督,除了自由以外,我不知道其他通向基督之路。"基督教是自由的宗教,上帝的旨意是让人成为自由的人。真正的自由是上帝的恩典,这是为了回报我们在认识真理和基督教苦行修道中所付出的努力。伯麦把自由看作人的内在创造力,认为自由是非受造的,无根基,在无底深渊之中,无论是圣父、圣子还是圣灵都无权改变它。

自由意志与恩典
Свободная воля и благодать

这是一个无论在宗教哲学还是在神学中都无法完全揭示的奥秘。但有一点是清楚的,即自由意志与恩典既不互相排斥,也不互相制约,而是互为补充,可以说是协同作用。它们之间没有因果联系,也没有时间的先后,也不能说一个是另一个的基础。恩典伴随着自由意志的旨在追求真、善、美的行为,并协助其正确地实现。自由意志的每一次正确运用,都是以恩典的存在为先决条件,如果不是先有恩典的作用,自由意志便不可能得到正确的实现。但是,没有人自由意志的接受,恩典也无法显现。

宗教复兴
Возрождение религиозное

这里所说的宗教复兴,指的是 20 世纪末期俄国社会生活中的宗教复兴,它涉及政治、司法和文化诸多领域。这一时期有一个突出的特征——人们开始被宗教文化所吸引,由于政府确立了信仰自由的民主法制,信仰宗教的人数比无神论时期大为增加。在社会生活的许多领域,旧观

念被不假思索地破除了，摒弃了文化遗产，虚无主义大行其道。在这种形势下，宗教复兴成为捍卫祖国文化传统的形式。然而，这种宗教复兴的过程十分复杂，充满了矛盾，存在着各种不同的倾向。一方面，信仰宗教的观念增多了，而不信宗教的观念减少了。在社会意识中教会的威望急剧上升，出现了多个宗教政党及其运动，以往对宗教很冷漠的人也开始光顾教会，传统宗教组织的数量也大为增加。如俄罗斯东正教会从1990年的3 722个增加到1999年的8 897个，此外还出现了许多新宗教组织。教会活动在社会生活的各个领域大为扩展，在文化教育、慈善活动及生产部门和企业都能看到教会的影响。但另一方面，在对宗教社会价值充分肯定的同时，人们也发现了这种宗教热潮的负面作用：宗教领域发生的深层变化过程与其外在的表现并不相符，宗教权威被自私的利己目的所利用，对宗教信仰以外的神秘论十分热衷，教会之间互相竞争，甚至把宗教组织拉入当前的政治活动、民族矛盾和冲突等之中。这是由多种主观和客观、国际和国内的因素造成的。但这一切都不足以阻挡宗教复兴的大潮。其重要原因是人们认识到，要想克服精神空虚和道德危机对整个社会的严重影响，必须求助于宗教信仰，因为宗教和教会是道德价值的支柱。在现实环境下，道德败坏对社会的腐蚀日渐增大，贪污受贿、酗酒、吸毒、淫秽作品等坏现象充斥着俄国的社会生活。不仅是东正教信徒，众多有良知的俄国人都想求助于教会，用教会所提倡的全人类价值、崇高精神、怜悯、慈悲心、善、对他人的关爱等改善社会道德面貌。在俄罗斯人的历史记忆中，东正教会在俄国社会历史危机和转折时期的爱国主义活动中，总是给予国家帮助和支持。所以，人们把东正教会看作可靠的社会力量，能够引向对国家和人民有益的善的作为。

从社会心理方面而言，每逢国家和民族陷入灾变和苦难中时，知识分子的民族意识水平都会大为提升，即使不是东正教的信仰者，也会把自己视为某种传统信仰的代表。这成为爱国主义的宗教潮流的基础。此外，许多俄罗斯文

化界从事创作活动的知识分子把东正教视为俄罗斯人民的文化价值和民族财富，认为它是民族自我意识的支柱。

上述诸多因素增强了宗教的影响，使其超越了传统意义上信仰的概念。俄罗斯相当多的公民都把希望寄托在上帝的审判、真理、善和爱（不只局限在教会的诠释中）等救世观念上。一些艺术文化活动家在宗教中首先看到的是"上帝对自己审判的可能性"，他们把这视为上帝对自己的爱，"因为上帝就是爱"。在宗教复兴的过程中，许多非东正教信徒也参与到教会生活中来，他们对宗教著作中的象征和经书的写作方法很感兴趣，尽管这与他们的信念毫无关系；还有一些人对西方教会十分向往，诸如后期圣徒教会（摩门教）和新使徒教会等，对来自于东方的宗教思想和神秘主义也很热衷，包括民间流传的通灵术、魔法、巫术和占星术等。但这些往往会导致一种对现有的社会政治实践和精神现实及传统宗教信仰的不满。同时，在俄国社会上还出现了一些与宗教相关的不良现象：有些政治活动家和国家公职人员利用宗教的影响为自己谋取政治资本，明明不是信徒，却手持蜡烛在教堂里做出虔诚信仰上帝的样子，在摄像机镜头前作秀；各种宗教信仰的祭司在主持仪典时宣扬宗教激进主义的欲求，号召在社会和个人生活中实行教权主义；有些人为了获取实力，公开地利用宗教在社会上的影响，如新闻和出版业、教育界、文化界等，试图把所有与唯物主义和世俗相关的文化遗产一律否弃。如果说之前禁止出版 В.С.索洛维约夫、Н.Ф.费奥多罗夫、П.А.弗洛连斯基、С.Н.布尔加科夫和Н.А.别尔嘉耶夫等人的著作的行为使俄罗斯经典哲学变得贫瘠，那么今天对待 Н.Г.车尔尼雪夫斯基、В.Г.别林斯基和 Г.В.普列汉诺夫等人的遗产的态度如出一辙。俄国有几代人没有接受宗教文化遗产，而现在又全盘否定千百年来的世俗文化传统，这两者都在精神文化中造成了极大的损失。还有一些社会上的做法和行为也与宗教信仰的向善和对崇高精神的追求相悖，如请神职人员给军队的武器、火箭和工厂的传送装置、机器等施圣化仪礼，让教会首领参加政治集会,为联邦各共和国政府机构主持会议开幕式,等等。这些做法使许多人,包括神职人员在内,不无遗憾地感受到宗教组织又开始成为社会政治的附庸。

在宗教复兴时期,上述种种因素使许多人处于要不要宗教信仰的矛盾状态之中(大约占25%),还有一些人开始信奉非传统东正教的上帝,去崇拜超自然的力量以及新出现的偶像(占20%)。部分东正教信徒只是追求一种表面的信仰效果,实际上是在赶时髦,或出于好奇心。研究表明,大多数东正教徒只是有时祈祷,间或参与一些宗教礼仪,而且只过部分宗教节日。一些信徒的宗教世界观在很大程度上已不复存在。宗教复兴的这些特征说明了这个过程的复杂性和多义性。一些俄国研究者在分析了20世纪和21世纪交替时期宗教复兴史实之后,得出了一个结论:这一时期的宗教信仰形势是稳定的,宗教组织耗尽了其所有的潜力,政治-宗教机构的积极性明显降低。

在新的世纪里,个人信仰问题看来会更加平静和深思熟虑地解决。经过一两代人以后,它会成为完全属于个人的良心的问题,是每个公民自由和自觉的选择。与广泛流传的"似乎今天的俄罗斯全民都信仰宗教"的说法相左,事实上俄罗斯在很大程度上依然是世俗化的,在当前的俄国社会中,信仰上帝的信徒和不信仰上帝而信奉超自然力的人群只占50%。因此，对宗教在国家、社会和道德复兴中究竟能起多大作用要有现实的评估。社会应该关注的是各个团体和阶层的共同利益，允许人们按自己的世界观有尊严地生活，在俄罗斯文明的环境中共同发展。

宗教会议
Собор

宗教会议是指主教和其他教会代表为解决信仰、宗教仪典和其他教会生活问题而召开的正式会议。使徒在耶路撒冷的会面被看作是第一次宗教会议（《使徒行传》，第15章）。东正教宗教会议按层次和规模分为：普世宗教会议、地区宗教会议和主教会议。

这个词还有大教堂的意思。这里所说的大教堂是指城市或修道院中主要的、主教所在的大教堂，通常规模较大，除教堂主屋的祭坛外，还有几个副祭坛，能容纳众多的神职人员。

宗教哲学
Религиозная философия

宗教哲学是指研究存在与至高现实之间联系问题的哲学。"每一种完整哲学就其基础而言都是宗教的。"(С.斯韦扎夫斯基)对于宗教哲学,研究者思想的清晰与个人深刻的宗教经验的结合必不可少。"诚实的宗教思想者犹如走钢丝的杂技演员,会造成这样的印象:似乎他在踩着空气行走。他的支撑点比能够想像的更狭小。尽管如此,还是可以真正依凭它行走。"(维特根斯坦)俄罗斯在宗教哲学领域颇有建树,最著名的宗教哲学家为 В.С.索洛维约夫、Н.А.别尔嘉耶夫、Д.С.梅列日科夫斯基和 В.В.津科夫斯基等。这些宗教哲学家最为关注的问题是俄罗斯的特殊宗教历史使命,以及如何使俄罗斯成为东西方永恒冲突的协调者。因为俄罗斯的宗教哲学家认为,正是在俄罗斯才能揭示出真正普世基督教会的潜在能力,使普世教会从各个国家的基督教传统中吸取有益的方面。在俄罗斯宗教哲学家看来,未来的俄罗斯必将成为基督教文化形成的地方,而这种文化对于探寻西方尚未解决的诸多信仰问题的答案至关重要。

宗教哲学复兴
Религиозно-философский ренессанс

这里所说的"宗教哲学复兴",指的是俄罗斯宗教哲学思想和文化整体上的思潮。它形成于20世纪初,以对哲学、宗教和艺术的综合研究为基础。这一思潮对俄国现代主义文化的形成和发展有极大影响,在许多方面都超出了俄罗斯固有心智的界限。它的兴起是针对当时十分盛行的实证主

Н. А. 别尔嘉耶夫

义哲学。迫于实证主义哲学的压力,一些俄罗斯思想家开始探讨哲学认识的真正源头,于是,他们转向了宗教唯心主义世界观。这直接导致了一种结果:在19世纪末至20世纪初,他们对社会哲学思想的论说中日渐增多了对末世论的兴趣,发出了对末世预感和期盼的强音。这体现出时代交替时期俄罗斯人自我意识的典型特征。当时俄国的政治形势对此也起了促进作用。革命前令人恐惧不安的形势使一些俄罗斯人产生了日渐加剧的旧俄国即将灭亡、灾变不可避免的病态预感,整个俄国社会都笼罩在悲剧情绪之

Д.С.梅列日科夫斯基

中。知识分子的思想充满了悲观失望,求助于宗教的意识自然日渐增强。С.Н.布尔加科夫、П.Б.斯徒卢威、С.Л.弗兰克、Н.А.别尔嘉耶夫等就是这些知识分子的代表者。在他们的引领下,俄国形成了一种"新宗教意识"。他们的思想根源可以追溯到俄国唯心主义哲学思想家П.Я.恰达耶夫、斯拉夫派的К.Н.列昂季耶夫、Н.Ф.费奥多罗夫,以及稍后的В.С.索洛维约夫和Ф.М.陀思妥耶夫斯基等的著作和作品,当然,也不乏西欧思想家叔本华、克尔凯郭尔、柏格森、哈特曼和尼采等思想的影响。依照俄国文化史家的看法,"新宗教意识"在很大程度上是一些知识分子对与世隔绝的"历史虔教性"的教条主义的抗议,也是他们想与俄国进步知识分子找到共同语言的尝试。1901—1903年期间在彼得堡召开的获得半官方地位的宗教哲学会议,集中表现出正在形成的新宗教意识和末世情绪。在这些会议上,新、旧思想的代表者就基督教和文化革新的问题进行了辩论,主要议题是"知识分子和教会的问题"。会议的发起人是Д.С.梅列日科夫斯基、

3．Н.吉皮乌斯、Д.В.费洛索福夫，以及独具个性的作家、思想家 В.В.罗扎诺夫等。Д.С.梅列日科夫斯基在会上阐发了"新宗教意识"的思想，经过辩论，最终得以成型。"新宗教意识"的实质是：以国家化教会为代表的"历史基督教"因其局限性已经过时了，它在宣

В.С.索洛维约夫

扬禁欲主义精神生活的同时，排斥和弃绝了"肉体的真理"和"地上的真理"，而敌基督却接受了它们，利用它们来聚集人世间所有的恶，以对抗基督教的信仰。"历史基督教"没有认清敌基督的阴谋，让他占有了"地上的真理"，其结果是使社会脱离了宗教而完全堕入世俗文化。为了抵御敌基督的诱惑，必须要有一种新的启示，即"第三约启示"。这一启示不仅揭示了世界历史中的精神真理，而且揭示了肉体的真理；不仅揭示了天上的真理，而且揭示了地上的真理。"新宗教意识"的倡导者把"第三约"视为继圣父的《旧约》和圣子的《新约》之后的尚未实现的"圣灵之约"。它具有建立在自由和爱与圣灵圣化基础上的非国家和非教会的社会性，这正是"圣灵之约"所期望的。但是，知识

分子的思想与教会并未达成互相理解，教会正式地谴责了这种对通向上帝新路径的探索。在这种形势下，思想家们把研究的方向转向了纯哲学宗教唯心主义的探讨。当时，莫斯科为纪念 B.C.索洛维约夫所组建的宗教哲学社团起着特殊重要的作用。这一社团的核心人物为 H.A.别尔嘉耶夫、C.H.布尔加科夫、E.H.特鲁别茨科伊、B.Φ.埃恩及一些其他同道者。精神探索的新转折更加清楚地探明了上帝与世界、人在世界历史及其外的地位和作用，赋予社会思想运动一种紧张性和存在主义性质。思想家们认为，社会所要达到的宗旨是道德的新生，将其视为宗教人道主义的表现，任务是"在思想和生活中为全面实现普世基督教理想而效力"，使东正教成为俄罗斯社会和文化复兴的积极力量。这一新哲学所关注的不仅仅是东正教传统，还开始研究西欧的神秘论、俄罗斯的古代遗物、古典形式的多神教及东方宗教等。这极大地拓展了哲学思想的领域，引入了新的研究内容和理念。

19世纪末至20世纪初俄国的宗教哲学复兴，就其探索的热情、智慧和对整个俄国社会精神生活的影响力而论，完全可以与欧洲15—16世纪人文主义的文艺复兴相提并论。与其相同，俄罗斯的宗教哲学复兴涵盖了精神文化的所有领域。在宗教哲学研究方面，形成了新的宗教意识，在艺术文化领域促进了新艺术的发展,出现了各种各样的新学派和流派;在文学创作领域,促使所谓"白银时代"的诗歌和小说取得了极高的成就,成为现代主义文学的典范,令世界瞩目。特别应指出的是象征主义哲学和美学,在宗教哲学复兴和文学、艺术创作中都起到了十分重要的作用,它试图借助美学来消除哲学实证主义和官方宗教的局限性。这赋予了"白银时代"一种日益增强的时代特征:宗教哲学探索和艺术创作都很关注审美感,同时增多了对神秘论和通灵术的兴趣。尤其应强调指出的是,象征主义具有极深的宗教哲学深度,特别是末世论和启示录的观念,以及把信仰作为生命存在支柱的理念。这使20世纪俄国宗教哲学复兴的代表者有可能对传统的东正教信仰用语言和现代文化概念做出令人信服的阐释。

综上所述,俄罗斯宗教哲学复兴就其实质而言,是一种独一无二的社会思想形态,囊括了精神文化的诸多领域——哲学、神学、文学、音乐、美术等,使文学艺术创作出现了多元化的局面和史无前例的繁荣。伴随而来的还有知识分子空前高涨的社会文化积极性,使社会文化活动十分活跃,各种晚会、研讨会和辩论会层出不穷。这一时期,精神和宗教意识的觉醒由知识分子扩大到平民大众,形成了广泛的社会思潮。在这里起着极大推动作用的是备受社会关注的出版物《路标——俄国知识分子论集》，它承袭并深化了《唯心主义哲学》这一文集和整个宗教哲学复兴的思想-哲学精神。后来，俄国的形势迫使这一宗教哲学复兴的主要力量移居国外，他们在布拉格、柏林、巴黎和纽约等地定居下来，继续进行宗教哲学的研究，建立了宗教哲学学院的东正教分部。这些哲学家的思想依旧十分活跃。总体而论，俄罗斯的宗教哲学家和文化精英的思想对俄国文化的发展产生了深远的影响。在宗教哲学领域成就最为突出的，除了"宗教哲学"词条中列举的宗教哲学家以外，还有 А.Ф.洛谢夫、П.А.弗洛连斯基、Г.Г.施佩特等，在应用哲学和文艺理论方面的有 М.М.巴赫金、В.Я.普罗普、Д.С.利哈乔夫等，文学创作领域的有 А.А.阿赫玛托娃、О.Э.曼德尔施塔姆、М.И.茨维塔耶娃、Н.А.扎博洛茨基、Б.Л.帕斯捷尔纳克、М.А.布尔加科夫、А.П.普拉东诺夫和 А.И.索尔仁尼琴等。可以说，整个当代俄罗斯文化若缺少宗教哲学复兴的层面是不可想像的。

罪
Грех

用神学的语言来说，一切自由的和自觉的，或不自由和不自觉的背弃上帝的诫命和违背上帝律法的言行，甚或念头，都是罪。依照使徒约翰所下的定义，"凡犯罪的，就是违背律法；违背律法，就是罪"（《约翰一书》，第3章，第4节）。罪不是来自于上帝，也不是来自于自然，而产生于有理性的人对理性和意志的滥用，任意地背离上帝，用自己的意志取代上帝的神圣意志，恣意妄为。依照《圣经》的记载，最早犯罪的是撒旦，然后是人类的始祖亚当和夏娃。原罪通过人类的始祖传染给了人类，使其成为遗传的罪，即每个人罪过的先天根源。如此看来，每个人的罪都源于人被损害的本性，而这种损害还有外在世界的作用，用使徒的话说，这个外在的世界处在恶之中。此外，损害还来自于魔鬼。而人犯罪的内在原因是利己主义和自私。由于人的本性有精神和肉体两重性，这种自私既可能主要体现在肉体方面，也可能更多地表现在精神方面。与之相应，罪也可以分为两个范畴：一是对肉体快乐和生活享乐的追求；二是精神性的罪，诸如骄傲、自高自大等。

最后的晚餐
Тайная вечеря

指基督耶稣与门徒共进的晚餐，后成为《圣经·新约》

描述的耶稣基督在世的最后日子里最重要的历史事件(《马太福音》,第26章,第17—35节;《马可福音》,第14章,第12—31节;《路加福音》,第22章,第7—38节;《约翰福音》,第13章,第1—38节)。按照古犹太人的习俗,晚餐是为了纪念逾越节,以记住上帝以何种方式拯救了他们。当时耶稣基督的12个门徒都聚集到了一起。耶稣预言,12个门徒之中有一个人要出卖他,他将成为上帝的羔羊,为救赎人类而牺牲自己。在晚餐上,耶稣拿起饼来,掰开,递给门徒,说:"你们拿着吃,这是我的身体。"又拿起杯来,倒上葡萄汁让每个门徒喝,说:"你们都喝这个,因为这是我立约的血,为多人流出来,使罪得赦……"晚餐以后,耶稣带领门徒来到客西马尼园,对父祈祷:"我父啊,倘若可行,求你叫这杯离开我;然而,不要照我的意思,只要照你的意思。"他又第二次向天父祈祷说:"我父啊,这杯若不能离开我,必要我喝,就愿你的意旨成全。"耶稣基督还给自己的门徒洗了脚。他预言,加略人犹大将出卖他,而彼得要说三次不认他。当众门徒入睡后,犹大带领一些手持刀棒的人抓走了耶稣,门徒都四散逃离了。

参考书目

Библейская энциклопедия, Труд и издание Архимандрита Никифора. Москва: ТЕРРА, 1990.

Библия, книги священного писания Ветхого и Нового завета в русском переводе с параллельными местами. Москва: Российское Библейские общества, 1992.

Булгаков С. Н., Православие, Очерки учения православной церкви. Киев: Лыбиль, 1991.

Булычев Ю. Ю., Православие: Словарь неофита. Санкт Петербург: Амфора, 2004.

Варфоломей, Приобщение к таинству: Православие в третьем тысячелетии. Москва: Эксмо, 2008.

Василенко Л. И., Краткий религиозно философский словарь. Москва: Истина и Жизнь, 2000.

Воскобойников В. М., Энциклопедический православный словарь. Москва: изд. Эксмо, 2007.

Зеньковский В. В., Иетория русской философии. Ленинград: ЭГО, 1991.

Мчедлов М. П. и др. Российская цивилизация: Этнокультурные и духовные аспекты: энциклопедический словарь. Москва: Республика, 2001.

Повловский А. И., Ночь в Гефсиманском саду: Избранные библейские истории. Ленинград: Лениздат, 1991.

Румянцева М. В., Русско-китайский словарь православной лексики.

Москва: Восточная книга, 2008.

Степанов Ю. С., Константы: Словарь русской культуры: Изд. 2-е, испр. и доп. Москва: Академический Проект, 2001.

Юдин А. В., Русская народная духовная культура. Москва: 1999.

布尔加科夫 C. H. 东正教——教会学说概要. 徐凤林, 译. 北京: 商务印书馆, 2001 年。

乐峰. 东正教史. 北京: 中国社会科学出版社, 1999 年。

李传龙. 圣经文学词典. 北京: 北京大学出版社, 1998 年。

马可·泰勒编. 简明基督教全书. 李云路, 等, 译. 北京: 中国社会科学出版社, 1999 年。

麦格拉思. 基督教概论. 马树林, 孙毅, 译. 北京: 北京大学出版社, 2003 年。

尼·米·尼科利斯基. 俄国教会史. 丁士超, 等译. 北京: 商务印书馆, 2000 年。

任继愈主编. 宗教词典. 上海: 上海辞书出版社, 1981 年。

休斯顿·史密斯. 人的宗教. 刘安云, 译. 海口: 海南出版社, 2016 年。

徐怀启. 古代基督教史. 上海: 华东师范大学出版社, 1996 年。

叶舒宪. 圣经比喻. 桂林: 广西师范大学出版社, 2003。

赵敦华. 基督教哲学 1500 年. 北京: 人民出版社, 1997 年。

卓新平. 基督宗教论. 北京: 社会科学文献出版社, 2000 年。

圣经. 中国基督教三自爱国运动委员会中国基督教协会, 2009 年。

圣经后典. 张久宣, 译. 北京: 商务印书馆, 1996 年。

苏联百科词典. 北京: 中国大百科全书出版社, 1986 年。

词目俄汉对照表

Абсолют 绝对

Автокефалия 独立教会

Агнец Божий 上帝的羔羊

Ад 地狱

Адам 亚当

Александр Невский 亚历山大·涅夫斯基

Александро Невская лавра 亚历山大·涅夫斯基大修道院

Алексий Второй 阿列克西二世

Аллилуйя 哈利路亚

Алтарь 祭坛

Аминь 阿们

Анафема 革出教门

Ангел 天使

Андрей Рублёв 安德烈·鲁布廖夫

Антихрист 敌基督

Антоний Печерский 洞窟修道院的圣安东尼

Антоний Храповицкий 安东尼（赫拉波维茨基）

«Апокалипсис» 《启示录》

Апокрифы 伪经

Апологетика 护教学

Апостолы 使徒

Апостольский символ 使徒信经

Апофатическое богословие 否定神学

Архангел 天使长

Архиепископ 大主教

Архиерей 主教神品

Архимандрит 修士大司祭

Аскет / Подвижник 苦行者

Афон 圣阿封山

Белое духовенство 白神品神职人员

Бес 魔鬼

Бесконечность Бога 上帝的无限性

Бессмертие души 灵魂不灭

«Беседа Валаамских чудотворцев»《巴兰行奇迹者说》

«Беседа о святынях Царьграда»《察里格勒圣物圣地记》

Библия 圣经

Благовещение Пресвятой Богородицы 圣母领报节

Благовещенский собор 圣母领报大教堂

Благоговение 虔诚

Благодарение 感恩

Благодать 恩典

Благословение 祝福

Блуд 淫乱

Блудный сын 浪子

Бог 上帝

Богоизбранный народ 上帝的选民

Богоматерь / Богородица 上帝之母

Богословие 神学

Богослужение 礼拜, 礼仪

Богочеловечество 神人, 神人合一

Борис и Глеб 鲍里斯与格列布

Бытие 创世记

Валаамский Спасо-Преображенский монастырь 瓦拉姆救主显荣修道院

Василий Блаженный 圣瓦西里

Василий Великий 圣大瓦西里

Введение во Храм Пресвятой Богородицы 圣母进堂节

Великие праздники 大节

Великий пост 大斋（期）

Венчание 婚礼

Вера 信仰

Владимир Святой 圣弗拉基米尔

Водоосвящение 祝圣水仪式

Воздвижение Креста Господня 十字架节

Вознесение Господне 主升天节

Возрождение 重生

Возрождение религиозное 宗教复兴

Воплощение 道成肉身

Воскресение мёртвых 死者复活

Воскресение Христово 基督复活

Вселенский собор 普世大公会议

Всемогущество 全能

Всенощное бдение 彻夜祈祷

Второе Пришествие Христово 基督再来

Вход Господень в Иерусалим 主进圣城节

Гордыня / Гордость 骄傲

Государственно-церковные отношения 国家－教会关系

Грех 罪

Гроб Господень 主的坟墓

Данилов монастырь 达尼洛夫修道院

Дары Святые 圣祭品，圣体血

Двунадесятые праздники 十二大节日

Деисус 祈求圣像

Декалог 十诫

Демонология 魔鬼论

Диавол 恶魔

Диакон 辅祭

Дмитрий Донской 德米特里·顿斯科伊

Добро 善

Догматы 教条，教义

Дух 魂灵

Дух Святой 圣灵

Духовенство 圣职

Душа 灵魂

Ева 夏娃

«Евангелие» 《福音书》

Евхаристический канон 感恩礼

Евхаристия 圣餐礼

Елей 圣油

Елеосвящение 涂圣油仪式

Епископ 主教

Епитимья 赎罪神业

Ересь 异端

Жезл 权杖

Жертва 祭品

Жития святых 圣徒传

Закон Божий 神学课

Закон Моисеев 摩西律法

Зло 恶

Заупокойное Богослужение 追思亡人礼仪

Игумен 修道院院长

Иерархия церковная 教阶

Иисус Христос 耶稣基督

Икона 圣像

Иконостас 圣像壁

Иконы Богородичные 圣母像

Иларион 伊拉里昂

Иоанн Кронштадский 喀琅施塔得的圣约翰

Иосиф Волоцкий 约瑟·沃洛茨基

Ипостась 位格

Исаакиевский собор 伊萨基大教堂

Исихазм 宁静主义

Искупление 耶稣救赎

Йсповедь 忏悔

Канон 教规

Канонизация 封圣

Катафатическое богословие 肯定神学

Киево-Печерская лавра 基辅洞窟修道院

Китеж 基特日

Космизм христианский 基督教的宇宙论

Крест 十字架

Крещение 洗礼

Крещение Господне / Богоявление 主领洗节

Ксения Петербургская 克谢尼娅

Культ 崇拜

Лавра 大(男)修道院

Литургия 大祭礼仪

Логос 逻各斯

Ложь 谎言

Любовь 爱

Масленица 谢肉节

Мессия 弥赛亚

Мессианизм 弥赛亚说

Мировая душа 世界灵魂

Мистика 神秘论

Мистицизм 神秘主义

Молитва 祷告

Монастырь 修道院

Монах 修士

«Москва—третий Рим» "莫斯科——第三罗马"

Мощи 圣髑

Мученик 殉道者

Мытарства 死后的考验

Нагорная проповедь 山上圣训

Николай Чудотворец 显行灵迹者圣尼古拉

Нил Сорский 尼尔·索尔斯基

Новодевичий монастырь 新圣女修道院

Обожение 圣化

Обновленчество 革新教派

Образ Божий 上帝的形象

Оптина пустынь 奥普塔修道院

Откровение 启示

Панихида 荐度仪轨

Патриарх 牧首

Патриарх Сергий 谢尔盖牧首

Пётр Могила 圣彼得·莫吉拉

Покров Пресвятой Богородицы 圣母庇护

Пост 斋戒

Православие 东正教

Преображение 变容

Преображение Господне 主显圣容节

Преподобный 圣成德者

Протодиакон 辅祭长

Пятидесятница 五旬节

Рай 天堂

Раскол церковный 教会分裂

Религиозная философия 宗教哲学

Религиозно философский ренессанс 宗教哲学复兴

Рождество Пресвятой Богородицы 圣母诞辰节

Рождество Христово 圣诞节

Русская православная церковь 俄罗斯东正教会

Сатана 撒旦

Свобода 自由

Свободная воля и благодать 自由意志与恩典

Святая Русь 神圣罗斯

Святая Троица 圣三位一体

Святой 圣徒

Святоотеческий идеал философии 教父的哲学理想

Святость 神圣性

Священное предание 圣传

Священнослужители 神职人员

Серафим Саровский 萨洛夫的圣谢拉菲姆

Сергий Радонежский 拉多涅日的圣谢尔盖

Символ веры 信经

Синергия 协同作用

Синод 主教公会

Скит 隐修处

Смерть 死亡

Смирение 谦卑

Собор 宗教会议

Соборность 聚和性

Совесть 良心

Софийский собор в Киеве 基辅索菲亚大教堂

Софийский собор в Новгороде 诺夫哥罗德索菲亚大教堂

София 索菲亚

Спасение 救赎

Сретение Господне 主进堂节

Старообрядчество 旧礼仪派

Страсть 欲望

Страстная седмица 主受难周

Страх Божий 敬畏上帝

Страшный суд 末日审判

Таинства 圣事

Тайная вечеря 最后的晚餐

Тварь и творец 受造物和造物主

Тело 身体

Теократия 神权政治

Троице-Сергиева лавра 圣三一谢尔盖大修道院

Успение Пресвятой богородицы 圣母安息节

Успенский собор 圣母安息大教堂

Фаворский свет 法沃尔之光

Филарет 菲拉列特

Харизма 圣灵恩赐

Храм 教堂

Храм Василия Блаженного 圣瓦西里大教堂

Храм Христа Спасителя 救主基督大教堂

Христианство 基督教

Христоцентризм 基督中心论

Царство Божие или Царство Небесное 上帝之国

Церковь 教会

Чудо 神迹

Экзарх 都主教

Экзегетика 圣经诠释学

Экзистенциализм христианский 基督教存在主义

Эсхатология 末世论

Юродивые 圣愚

Язычество 多神教

编 后 记

这本书算是编写完了,但我心中依然没有把它完全放下。老实说,我是鼓足了勇气,下了大决心才开始从事这项工作的。我深知,东正教对于我们了解和研究俄罗斯实在是太重要了,而目前我国还没有一部阐明东正教基本术语和概念的著作,这不能不说是一个缺憾。并且,一想到俄罗斯那些东正教的虔信者和圣徒,我的心里就沉甸甸的,虽然我并非东正教信徒,但他们为信仰献身的精神令我深深地感动和敬佩。

从20世纪90年代中期以来,我一直从事以人文文化的视角重新解读俄罗斯文学经典的研究工作,这使我越来越深地感受到东正教对俄国文化、文学艺术创作的影响多么深远而巨大。我开始关注俄国和国内出版的所有与东正教相关的著作,一点一滴地学习东正教的历史和教义,认真地阅读《圣经》、俄国神学家和宗教哲学家的著作,潜心钻研和积累能找到的一切有关东正教的资料。在这个过程中我逐渐认识到，东正教的社会影响极其广阔，已经渗透到了国家政权和行政管理、文化教育、文学艺术创作、伦理道德及社会生活和民族心理、民俗等几乎所有领域。不了解东正教，就无法深入地认识古今的俄国和俄罗斯人。不过，我毕竟不是学神学专业的，又不是信徒，所以，这种学习对我而言很艰难，尤其是俄罗斯东正教所固有的神秘主义认识论，有时真是令人百思不得其解，让我觉着自己简直是冥顽不灵。但我仍凭着一种天生的执拗，怀着极大的兴趣和热情读起了 В.С.索洛维约夫、П.А.弗洛连斯基、С.Н.布尔加科夫、И.А.伊林以及巴多罗买等宗教哲学家和神学家的著述，虽然有许多困惑不解的地方，但依然有很大的收益，让我初步窥视到了这个属灵世界的一些奥秘。在学习过程中，我认识到一个不得不承认的事实，即对于非神学家和非信徒而言，宗教犹如无底的深井，越是往里窥探，越是深奥难解，越是感到自己有太多的一知半解、似是而非。虽然有时都觉着有些力不从心，但我依旧不想放弃这种学习和研究。

退休以后，我有了足够的时间，于是决心动手编写一部关于俄罗斯东正教重要术语及其概念的书籍。我把这个想法告诉了家人和俄语学院及基地的领导，没想到，他们无一例外地都很支持我做这件事。儿子和儿媳给了我很大鼓励,促进我下决心,并表示在我遇到困难时会鼎力相助;老伴郑述谱是辞书编写专家,表示愿从辞书编纂体例的方面帮我把关。总而言之,我最终下定决心将这项艰巨的工作承担下来,与家人的支持有很大的关系。这也说明了编写这样一本书是很有价值的:一来会为对东正教感兴趣和有需要的读者提供一些参考,二来对我自己的东正教知识和神学理论的掌握也是极好的补充和提高的机会。2014年春天,我开始了这项工作,虽然书的体量并不大,但还是花费了我近三年的时间。在编写过程中,每当我遇到一些难以定夺的问题时,经常会向老伴讨教,他不厌其烦地给予了我许多具体的帮助。

初稿完成以后,我心中并不很踏实,总是担心自己在宗教和神学专业方面的缺欠和不足。幸好,我的儿媳张鹤博士在宗教和神学方面很有造诣,近年来一直参加《新汉语圣经》的修订工作,而且在攻读神学硕士学位,她给予了我热情的支持和帮助,审阅了我的初稿,对一些术语和概念的理解提出了宝贵的意见,对词目的选择也提出了有益的建议。她还通读了书稿,在文字表达方面做了细致修改。总之,她的支持和热情帮助给予了我信心和勇气,也填补了我在专业上的不足。对书稿的完成起重要作用的还有我的儿子郑玮刚，他从事艺术工作多年，主动承担了本书的配图工作，也通读了书稿并提出了一些有益的意见和建议。在此，我对张鹤和郑玮刚表示深切的谢意。

本书最终能够完成和出版，还要感谢给予我鼓励和支持的黑龙江大学丁立群、严明两位副校长，俄语学院的孙超院长和叶其松副院长、邓军教授、白文昌教授及我的一些同行和朋友，也要感谢基地的李洪儒主任和黑龙江大学出版社领导提供的支持和帮助。

金亚娜
2019 年 4 月 10 日